Masken entwerfen
und gestalten

Christian Sanladerer · Beate Weidinger

MASKEN

entwerfen und gestalten

 ENGLISCH VERLAG

Umschlagfoto „Mephisto":
Die gezielte, zurückhaltende Bemalung, die in erster
Linie Mund und Augen betont, unterstreicht den
besonderen, leicht spöttischen Ausdruck dieses dia-
bolischen und doch skurrilen Gesichts.
Die Ausformung dieser Stabmaske wird durch
einen Kragen aus schwarzem Satin ergänzt; ein
Streifen des Stoffes wird an den Kanten versäubert,
auf einer Seite gerafft und mit dieser an die Innenseite der Maske geklebt. Ein in den Saum eingeleg-
ter Draht sorgt für die Stabilität des Kragens.

CIP-Titelaufnahme der Deutschen Bibliothek

Sanladerer, Christian/Weidinger, Beate:
Masken entwerfen und gestalten/
Christian Sanladerer/Beate Weidinger. – Wiesbaden:
Englisch 1990
ISBN 3-8241-0408-3

© by F. Englisch GmbH & Co Verlags-KG, Wiesbaden
Umschlag- und Innengestaltung A. Ruers.
Fotos und Zeichnungen:
Christian Sanladerer, Beate Weidinger.
Titelfoto R. Berg.
Alle Rechte vorbehalten.
Nachdruck, auch auszugsweise, verboten.
Printed in Germany.

Inhaltsverzeichnis

Vorwort

Masken – wer fühlt sich dabei nicht unwillkürlich an die vielgestaltigen Maskierungen der schwäbisch-alemannischen und der Basler Fasnacht oder des Karnevals in Venedig erinnert!

Ob naturalistisch oder stilisiert, ob idealisiert schön oder fratzenhaft häßlich, stets ziehen sie den Betrachter durch ihre oft geradezu mystische Ausstrahlung in ihren Bann.

Mit der Besinnung auf alte Traditionen und kulturelle Eigenheiten finden Masken in all ihren unterschiedlichen Erscheinungsformen zunehmend Beachtung. Das Interesse an diesem Thema bleibt dabei längst nicht mehr nur auf die Karnevalszeit beschränkt; man entdeckt die Maske vielmehr aufgrund ihres unvergleichlichen Reizes als Dekorationsobjekt von zeitloser Schönheit, oft sogar als eigenständiges Kunstobjekt.

Da historische, aber auch zeitgenössische Unikate meist sehr teuer sind und die billige Massenware der Serienproduktion keine ernsthafte Alternative darstellt, entsteht der Wunsch, eine Maske nach eigenen Vorstellungen zu gestalten. Diesem verstärkten Interesse, einerseits originelle Karnevalsmasken, andererseits auf den eigenen Wohnraum abgestimmte Dekorationsobjekte anzufertigen, versucht der Handel in vielfältiger Weise gerecht zu werden. Neben Rohmasken in den unterschiedlichsten Formen und Größen aus Kunststoff, Keramik und Porzellan sind auch Formen zum Gießen von Masken erhältlich.

Da wir uns selbst seit Jahren mit der Gestaltung von Masken beschäftigen, wollen wir Ihnen mit diesem Buch einen Überblick über die zahlreichen Möglichkeiten geben, die dieses reizvolle Thema bietet. Neben dem Gestalten vorgefertigter oder selbstgegossener Rohmasken ist der größte Teil des Buches dem eigentlichen Maskenbau, also dem Erarbeiten von Maskenformen nach eigener Idee gewidmet.

Um zu gewährleisten, daß diese reizvollen Dekorationsobjekte auch so bequem wie möglich getragen werden können, befaßt sich ein spezielles Kapitel mit der Herstellung individuell für das Gesicht des Trägers „maßgeschneiderter" Masken. Konkrete, oft durch Zeichnungen veranschaulichte Anleitungen erleichtern das Nachbauen einzelner Modelle. In erster Linie sollen die zahlreichen Beispiele aber sowohl den interessierten Laien als auch den fortgeschrittenen Maskenfan zu eigenen Gestaltungsideen ermutigen.

Wer sich einmal näher mit diesem Thema befaßt, wird bald feststellen, welch phantasievolle Ergebnisse sich mit Lust am Experiment und etwas Geschick erzielen lassen.

Etwas Geschichte vorweg

Masken gehören zu den frühesten Zeugnissen der menschlichen Kultur, ja man kann sagen, ihre Geschichte ist so alt wie die der Menschheit selbst. In großer Vielfalt an Formen und Funktionen sind sie in allen Epochen und Erdteilen anzutreffen. Die Bezeichnung *Maske* entspricht dem italienischen Lehnwort *maschera*, das sich vom arabischen Begriff *mas-chara* herleitet, was so viel bedeutet wie *Scherz, Possenreißer* oder *Spaßmacher*, auch: *Gesichtsmaske.*

Urmaske des Menschen ist die Hand. Sie bedeckt das Gesicht bei Freude und Schmerz, Verlegenheit und Wut, Nachdenklichkeit und Scham. Als Vorläufer der Maske gilt die Gesichtsbemalung, wie sie bei vielen Naturvölkern heute noch zu sehen ist. In Ihrer wohl frühesten Erscheinungsform, bei der Bestattung der Verstorbenen, spielt die Gesichtsmaske eine entscheidende Rolle. Als Totenmaske sollte sie das Antlitz des Verstorbenen bewahren, um ihm so den Eintritt ins Reich der Toten zu erleichtern.

Über diese ursprüngliche Funktion hinaus wurde die Maske bei den Naturvölkern der Erde zum wichtigen Bestandteil des Ahnenkults. Um sich die geistige Kraft und das Wohlwollen der Vorfahren zu sichern, stellte man Ahnenmasken auf oder trug sie bei rituellen Maskentänzen. Bei den Bestattungsriten vieler afrikanischer Stämme sollten furchterregende Masken die Verstorbenen aus den Wohngebieten der Lebenden vertreiben und diese vor eventuellen Nachstellungen jüngst Verstorbener schützen.

Eine wichtige Rolle spielten Masken bei den Initiationszeremonien. Mit der Beschneidung wurden junge Männer in die Welt der Erwachsenen eingeführt und dabei mit dem Gebrauch der Masken vertraut gemacht.

Von zentraler Bedeutung waren Masken auch im Schamanenkult der Indianer Alaskas und Nordamerikas. Der Schamane, eine Art Zauberpriester und Medizinmann, trug in seiner Funktion als Berater und Heiler je nach Problemstellung eine bestimmte Maske. Man glaubte, daß die Seele des Schamanen dabei seinen Körper verließe und wie ein Vogel umherfliegend Kenntnisse von sonst unzugänglichen Vorgängen und Zusammenhängen sammle.

Eine der ältesten Maskenformen ist die Tiermaske. Bei vielen Naturvölkern war sie Ausdruck tiefer Verehrung der Tiere und Zeugnis der nahen Verwandtschaft zu ihnen. Tiermasken wurden aber auch als Lockmittel eingesetzt, um das Jagdglück zu steigern. Manche Riten beruhten auf dem Glauben, man könne sich durch das Tragen entsprechender Masken den Mut, die Gewandtheit, Schnelligkeit und Ausdauer der Tiere zu eigen machen. Vereinzelt haben sich diese Bräuche bis in unsere Tage erhalten.

Aus den Kultmasken der Urvölker hervorgegangen sind die Tanz- und Theatermasken der indonesischen Inseln Java, Lombok und Bali, die dort heute noch zu traditionellen Theateraufführungen getragen werden.

Im antiken griechischen, später auch im römischen Theater dienten die Masken der Verkörperung unterschiedlicher Charaktere. Die wie ein Helm den Kopf bedeckende Maske stellte jeweils einen ganz bestimmten Typus dar: den der jungen Frau, des alten Mannes, des Priesters, Dieners etc. Diese Schematisierung der Gesichtszüge hatte den Vorteil, daß man sie auch von weitem noch gut erkennen und voneinander unterscheiden konnte. Da zudem an einer Aufführung meist nur wenige Schauspieler beteiligt waren, mußten diese mehrere Rollen übernehmen, was durch den Austausch der Masken problemlos möglich war.

Auch in China und Japan sind Masken in den künstlerischen und religiösen Darstellungen von großer Bedeutung. Als wichtige historische Beispiele derartiger Theatermasken seien die Masken der chinesischen Oper genannt.

Im Bereich der bildenden Kunst spielen Maskenoder abgewandelte Formen seit jeher eine Rolle: Tongefäße aus vorgeschichtlicher Zeit tragen maskenartige Verzierungen, die Dämonen abschrecken sollten; mittelalterliche Kirchen weisen steinerne Masken an Konsolen, Kapitellen, Gesimsen und Traufsteinen auf. Als „Blattmasken" sind die von Blätterkränzen umgebenen Maskenreliefs der Gotik bekannt.

Aufgrund des Interesses abendländischer Künstler an der Maskenwelt der Naturvölker wurde die Maske im Expressionismus und der Folgezeit zu

Der Venezianische Karneval

Das zunehmende Interesse am Thema Masken ist eng verknüpft mit dem Wiederaufleben des Venezianischen Karnevals vor einigen Jahren. Da zudem viele der in diesem Buch enthaltenen Beispiele für Masken durch Anregungen aus dem Karneval in Venedig entstanden, ist es sicher von Interesse, etwas näher auf seine Geschichte einzugehen. Bereits im Mittelalter war der Venezianische Karneval aufgrund der prunkvollen Maskeraden und der ausschweifenden Feste weithin bekannt. Auf zahlreichen Bühnen fanden die unterschiedlichsten Schauspiele statt, in den Gassen und auf den Plätzen der Stadt wurde unermüdlich getanzt. Man ereiferte sich bei allerlei Wettspielen von oftmals äußerst skurriler Natur, ließ sich mit akrobatischen Darbietungen unterhalten – kurzum, die ganze Stadt verwandelte sich in ein prächtiges Theater, Kulisse und Zuschauerraum in einem.

Nach Reformation und Gegenreformation war dieses bunte Maskentreiben heidnischen Ursprungs jedoch in Venedig wie auch andernorts in Europa verboten. Erst im 17. Jahrhundert wurde das Tragen von Masken in der Karnevalszeit wieder erlaubt. Es weitete sich aber allmählich derart aus, daß Masken – vor allem von der adligen Oberschicht – das ganze Jahr über getragen wurden. Aufgrund der Maskierung konnte manches normalerweise riskante Rendezvous nun gefahrlos in aller Öffentlichkeit stattfinden, da die Beteiligten nicht befürchten mußten, erkannt zu werden.

Die meisten traditionellen Masken des Venezianischen Karnevals finden ihren Ursprung in der *commedia dell'arte*, dem italienischen Volkstheater des 16. bis 18. Jahrhunderts. Sie charakterisieren dabei ganz bestimmte Typen, wie zum Beispiel die Dienergestalt des *arlecchino*, eines Bauernburschen in städtischen Diensten, der sich mit intriganter Gewitztheit gegen die Mächtigen behauptet. Sein Gegenspieler *pantalone* verkörpert den Typus des wohlhabenden venezianischen Kaufmanns, der den Sinn seines Lebens in der Vergrößerung seines Reichtums sieht.

einem tragenden Element der bildenden Kunst: Als Sinnbild des Dämonischen findet sie – sei es auch oft nur in zweidimensional bildlicher Form – Ausdruck in den Werken großer Künstler.

In unserem Kulturkreis sind Masken vor allem im Fasnachtsbrauchtum heute noch lebendig. Der Karneval bzw. Fasnacht ging aus heidnischen Riten hervor, die vielerorts stattfanden, um sich das neue Jahr günstig zu stimmen. Ursprünglich auch zur Austreibung des Winters und zur Dämonenbeschwörung getragen, erfreuen sich die Karnevalsmasken heute wieder zunehmender Beliebtheit. Alte Fasnachtstraditionen werden in unterschiedlichsten Erscheinungsformen mit großer Ambition fortgeführt; zu den bekanntesten traditionellen Fasnachtsmasken gehören wohl die Holzlarven der schwäbisch-alemannischen Fasnacht. Neben der Basler Fasnacht mit ihren vielgestaltigen Maskenformen verdient nicht zuletzt der Karneval in Venedig besondere Erwähnung aufgrund seiner eleganten, oftmals mystischen Ausprägung.

Ob Kult-, Theater- oder Fasnachtsmasken, die weltweite Tradition des Maskenbauens spiegelt das tiefverwurzelte Bedürfnis der Menschen wider, sich zu verkleiden und, wenn auch nur für kurze Zeit, eine andere Identität anzunehmen. Eine künstliche Gesichtsform wird vor das eigene Gesicht gehalten, um sich hinter ihr zu verbergen und sich gleichzeitig Ausstrahlung und Kraft dessen anzueignen, der dargestellt ist.

Da es auf beiden Seiten natürlich Verbündete gibt, wird die *commedia dell'arte* von gut einem Dutzend verschiedener Charaktere bestimmt.

Als klassische venezianische Maske gilt jedoch die *bautta*, eine weiße oder schwarze Halbmaske, kombiniert mit Kapuzenmantel und Dreispitz. Während der großen Pestepidemien entstand ein besonders auffälliger Vertreter venezianischer Karnevalsmasken. Der *dottore della peste* (Pestdoktor) trug eine geradezu unheimliche weiße Schnabelmaske. Der besonders lange Schnabel diente, mit einer Füllung aus Gaze und Watte versehen, als Filter gegen die Krankheitserreger. Ein weiter Mantel und als Kopfbedeckung ein Dreispitz verhüllten den gesamten Körper und sollten für bestmöglichen Schutz vor einer Ansteckung sorgen. Mit dem Untergang der Venezianischen Republik fand auch der Karneval ein jähes Ende. Die französischen Besatzer verboten 1796 jegliches Maskentreiben. Nach langem „Dornröschenschlaf" wurde der Venezianische Karneval 1978 von Künstlern und Studenten zu neuem, vielgestaltigem Leben

Venedig im Karneval – ein traumhaftes „Szenario", in dem jeder die Möglichkeit hat, seine Rolle zu übernehmen (oben).

Venezianische Maskeraden bestechen nicht zuletzt durch die harmonische Einheit von Maske und Kostüm (links).

erweckt. Mit zunehmender Begeisterung und schier unerschöpflicher Kreativität werden seither die traditionellen Masken Jahr für Jahr durch unzählige Neuschöpfungen ergänzt. Wer selbst einmal Venedig zur Karnevalszeit besucht hat, weiß, welch unvergleichlich poetischen Zauber die venezianischen Masken vor der malerischen Kulisse der Lagunenstadt ausstrahlen.

Lassen Sie sich also von den Abbildungen auf dieser Seite einen Eindruck von der Farbenpracht und Vielfalt venezianischer Maskeraden vermitteln und vielleicht zu eigenen Verkleidungsideen anregen!

Venezianische Kostümmasken

Wenn Sie sich, vielleicht von den vorhergehenden Beispielen inspiriert, selbst Kostüme im venezianischen Stil erarbeiten wollen, bieten Ihnen die nachfolgenden Anleitungen die Möglichkeit dazu. Stellvertretend für die Vielzahl venezianischer Kostümmasken stehen diese reizvollen Modelle, die sich anhand von Schnittmustern und konkreten Anleitungen leicht nacharbeiten lassen. Wie bei vielen venezianischen Kostümierungen sind auch hier die eigentlichen Gesichtsmasken bewußt schlicht gehalten, um nicht mit der eindrucksvollen Kopfbedeckung in Konkurrenz zu treten, sondern sie wirkungsvoll zu unterstreichen. Einmal mehr belegen diese Beispiele, daß sich bei einer typischen venezianischen Maskierung Gesichtsmaske und Kopfschmuck zu einer harmonischen Einheit zusammenfügen. Komplettiert wird die Verkleidung durch farblich passende weite Mäntel oder Umhänge.

Venezianische Hochzeit

Um eine dieser attraktiven Kostümmasken nacharbeiten zu können, benötigen Sie folgendes Material:
- Gesichtsmaske aus Kunststoff
- Kunstharzlack oder Lackspray
- Satin oder anderen glänzenden, weich fallenden Stoff, 140 × 100 cm
- 1 Schaumstoffstreifen, 2 cm dick, 10 × 60 cm
- Zierkordel, 150 cm
- Perlenschnur in unterschiedlichen Farben und Stärken, je 100 cm
- Dekoschleier, Paillettenband und passende Schmuckelemente

Dieser recht einfach herzustellende, aber sehr edel wirkende Kopfputz besteht, von der Gesichtsmaske abgesehen, aus zwei Teilen: Auf einem gerafften Schal, der das Gesicht locker umrahmt, sitzt ein seitlich geknotetes „Stirnband".

Zunächst wird der jeweilige Stoff, wie im Schnittmuster auf S. 61 angegeben, geteilt. Das breitere Teilstück, aus dem der Schal besteht, wird an den Längsseiten versäubert und anschließend an den Schmalseiten zusammengenäht. Legen Sie entlang dieser Naht einige großzügige Falten und steppen Sie diese fest.

Um das Stirnband herzustellen, wird nun der schmalere Stoffstreifen der Länge nach gefaltet und an drei Seiten vernäht. Mit dem entstandenen Schlauch bezieht man den Schaumstoffstreifen, und zwar so, daß an seinen Enden jeweils ein etwa 10 bzw. 30 cm langes Stück Stoff übrigbleibt. Mit diesen Stoffenden läßt sich das Stirnband später verknoten.

Die noch offene Schmalseite wird von Hand vernäht. Zur Verzierung eignen sich Borten, Zierkordeln, Pailletten und vieles mehr; hier werden die Stirnbänder mit farblich passender Kordel umwickelt und deren Enden jeweils auf der Innenseite festgenäht. Die schwarze Kostümmaske erhält zusätzlich ein Ornament aus Paillettenbändern. Um die Perlenschnüre, die das Gesicht umrahmen, zu befestigen, wird das Stirnband zunächst dem Kopfumfang entsprechend zusammengeknotet. Messen Sie nun den nötigen Abstand mit Hilfe der Gesichtsmaske ab und befestigen Sie die Enden der Perlenschnüre an der Innenseite des Stirnbandes. Soll zusätzlich das Gesicht durch einen Schleier verhüllt werden, legen Sie ein entsprechendes Stück Dekoschleier in Falten und nähen ihn ebenfalls am Stirnband fest.

Zur Vollendung des Arrangements fehlt nun lediglich die Gesichtsmaske. Vor der Lackierung wird sie ihrem jeweiligen Träger durch Ausschneiden der Nasenlöcher und eventuell der Kinnpartie bestmöglich angepaßt.

Venezianischer Harlekin

Folgendes Material ist zum Herstellen dieser ungewöhnlichen Maskierung nötig:
- Gesichtsmaske aus Kunststoff
- Kunstharzlack oder Lackspray
- Satin in Lila, 140 × 75 cm, und Rot, 140 × 100 cm
- kunststoffummantelter Blumendraht, etwa 4 m
- eine Packung Füllwatte
- Perlenschnur in unterschiedlichen Stärken, jeweils etwa 1 m lang

Ähnlich der vorhergehenden Beispiele besteht auch dieser Kopfputz aus mehreren Einzelteilen. Der Schal wird, wie vorher beschrieben, aus dem breitesten Stoffstreifen gefertigt, anstelle eines Stirnbandes jedoch durch eine skurrile Haube ergänzt. Schneiden Sie hierfür zunächst drei Stoffstreifen (2 × Lila, 1 × Rot) wie im Schnittschema angegeben zu. Der Länge nach gefaltet, wird nun jeder Streifen für sich jeweils von den Spitzen zur Mitte hin vernäht; dabei muß ein etwa 10 cm langes Nahtstück offenbleiben, um später die Füllung vornehmen zu können. Die Teile werden nach rechts gewendet und ein der Länge entsprechendes Stück Draht hineingesteckt. Nach dem anschließenden Stopfen mit Füllwatte erfolgt das Vernähen der Öffnung.

Nähen Sie nun das breiteste der drei Teile, dem jeweiligen Kopfumfang entsprechend, wie ein Stirnband an den Enden zusammen und biegen Sie die überstehenden Spitzen nach oben um. Die beiden schlankeren Stoffteile befestigen Sie zuerst in der Mitte mit wenigen Stichen aneinander, bevor sie über der Stirn an die Innenseite des breiteren Teils genäht werden. Durch die innenliegenden Drähte läßt sich die Form der Haube nun beliebig variieren.

Zu beiden Seiten des Gesichts erhält auch dieser Kopfschmuck eine zusätzliche Dekoration durch farblich passende Perlenschnüre.
Abschließend wird nun noch die Gesichtsmaske, wie bei den vorhergehenden Beispielen beschrieben, dem jeweiligen Träger angepaßt und lackiert.
Da das Tragen einer Vollgesichtsmaske über längere Zeit nicht jedem angenehm ist, sorgt hier eine bequeme Alternative für Abhilfe: Mit wenigen Handgriffen läßt sich aus einer Kunststoff- eine wirkungsvolle Stabmaske herstellen. Die gewünschte Kontur wird einfach mit der Schere aus einer Gesichtsmaske ausgeschnitten. Zur Befestigung des Stabes schneiden Sie die Kinnpartie der Maske so zu, daß dieser flach an der Maskeninnenseite anliegen und mit Zweikomponentenkleber befestigt werden kann. Nach dem abschließenden Lackieren erhält diese Stabmaske eine schlichte, aber effektvolle Verzierung mit Paillettenband.

Masken gießen

Auf die rege Nachfrage eingehend, bietet der Fachhandel, wie eingangs erwähnt, neben verschiedenen vorgefertigten Masken aus Kunststoff und keramischen Materialien diverse Gießformen, um Masken selbst herzustellen. Diese Formen erlauben bei entsprechend sorgfältiger Behandlung die nahezu unbegrenzte Vervielfältigung derselben Maske.

Kunststoffmasken sind Basismaterial für Masken zum Tragen und für einfache Dekorationsobjekte. Bei aufwendigen Verzierungen erhalten Masken aus Keramik oder selbstgegossene Masken gegenüber den vergleichsweise unedlen, instabilen Kunststoffmasken den Vorzug. Um ständige Wiederholungen zu vermeiden sei an dieser Stelle darauf hingewiesen, daß, wann immer in diesem Buch von Keramikmasken die Rede ist, auch unglasierte Porzellan- oder selbstgegossene Masken gemeint sind.

Folgendes Material ist zum Gießen von Masken erforderlich:
- Gießform aus Kunststoff, ein- oder zweiteilig
- selbsthärtende keramische Gießmasse
- ein Karton, in den etwas Sand eingefüllt wurde
- ausreichend großes Gefäß zum Anrühren der Gießmasse
- Wasser

Selbsthärtende keramische Gießmassen werden als Pulver in unterschiedlichen Zusammensetzungen angeboten. Allen gemeinsam ist jedoch, daß es sich dabei um chemisch aushärtende Materialien handelt, die ungeachtet der beigefügten Wassermenge nach kurzer Zeit abbinden. Die Gießmasse muß daher sofort nach dem Anrühren verarbeitet werden.

Aber nun zum eigentlichen Arbeitsvorgang: Bei zweiteiligen Gießformen wird die äußere Form mit dem Gesicht nach unten waagerecht in einem mit Sand gefüllten Karton fixiert. Schwenkt man die Form vorab mit etwas Wasser unter Zugabe eines Tropfens Spülmittel aus, läßt sich die fertige Maske später problemlos herausdrücken.

Das Anrühren der Gießmasse erfolgt mit kaltem (!) Wasser; achten Sie dabei darauf, daß keine Klümpchen entstehen und Luftblasen nach Möglichkeit vermieden werden. Das Mischungsverhältnis ist der jeweiligen Gebrauchsanweisung zu entnehmen. Die dickflüssige Masse wird nun in die äußere Form gegossen, die Innenform eingesetzt und beschwert. Dabei muß sich die Gießmasse in der zweiteiligen Form gleichmäßig verteilen und bis an die Oberkante der Gießform hochgedrückt werden; pressen Sie dazu die beiden Formteile so gut wie möglich zusammen. Überflüssige Masse kann problemlos nach außen entweichen. Ein Tip: Um ihr das nötige Gewicht zu verleihen, wird die Innenform vorab ausgegossen. Auf der so entstandenen Fläche finden zusätzliche Gewichte Platz, die die Form während des Aushärtens der Gießmasse beschweren.

Nach etwa 20 Minuten läßt sich die Maske vorsichtig aus der Form lösen. Solange sie noch nicht völlig ausgehärtet ist, werden nun die Befestigungsöffnungen mit einem spitzen Werkzeug durchstoßen und die Augenöffnungen mit einem Messer ausgeschnitten. Die Ränder lassen sich mit Sandpapier versäubern.

Bei einteiligen Gießformen ohne Innenform erfolgt das Ausgießen in mehreren Arbeitsschritten. Für jede Phase ist jeweils nur wenig Gießmasse erforderlich. Die angerührte Masse wird in die Form gegossen und durch vorsichtiges Ausschwenken der Gießform rundum gleichmäßig verteilt. Legen Sie die Form danach zum Aushärten der Masse in einen sandgefüllten Karton; ist die erste Schicht angetrocknet, wird der Vorgang zwei- bis dreimal wiederholt, so daß die Wandstärke der Maske auf einige Millimeter anwächst. Nach dem Abbinden der letzten Schicht läßt sich die relativ dünnwandige und daher leichte Maske vorsichtig aus der Form lösen und entsprechend versäubern. Über Nacht ist die Maske völlig ausgehärtet und wartet nun darauf, nach Ihren Vorstellungen gestaltet zu werden.

Formenbau

Die meisten handelsüblichen Maskenrohlinge sind
in erster Linie für Dekorationszwecke geeignet: Zu
schwer, zu klein oder zu starr passen sie in den sel
tensten Fällen auf das Gesicht des Trägers.
Um optimale Paßform und bestmöglichen Trage-
komfort einer Maske zu gewährleisten, kann man
das Gesicht mit Gipsbinden abformen, um so die
Gießform für ein Duplikat des Originalgesichts zu
erhalten, auf das sich eigene Masken „maßschnei-
dern" lassen.
Folgendes Material wird für eine derartige Abformung benötigt:
- 1–2 Gipsbinden aus der Apotheke
- Vaseline oder Fettcreme (keinesfalls Feuchtig-
  keitscreme, da Gips die Feuchtigkeit binden und
  dadurch auf der Haut festkleben würde)
- ein Stirnband oder eine Badekappe
- Haushaltsfolie
- Handtücher
- eine Schale mit warmem Wasser

Prinzipiell kann von jedem Menschen, auch von
Kindern ab einem gewissen Alter, eine Gesichtsabformung erstellt werden, solange bestimmte
Regeln beachtet werden. Eine wesentliche Voraussetzung für das Gelingen ist eine angenehme Atmo-
sphäre ohne störende Einflüsse.
Das Modell, also die Person, deren Gesicht abgeformt wird, sollte angenehm entspannt liegen. Um
zu vermeiden, daß flüssiger Gips beim Auftragen in
die Nase läuft, wird der Kopf durch Unterlegen
eines Kissens leicht nach vorne geneigt; mit einem
Stirnband lassen sich die Haare aus dem Gesicht
halten. Am besten trägt das Modell jedoch eine
Badekappe, mit der das gesamte Haar und vor
allem der Haaransatz abgedeckt wird; sie kann
nach Gebrauch problemlos gereinigt werden.
Cremen Sie nun das ganze Gesicht sorgfältig dick
mit Vaseline ein; die geschlossenen Augenlieder
und die Augenbrauen werden, ebenso wie ein eventuell vorhandener Oberlippenbart, zusätzlich jeweils
mit einem Stückchen Haushaltsfolie abgedeckt
(Vollbartträger sollten sich besser nicht abformen
lassen).

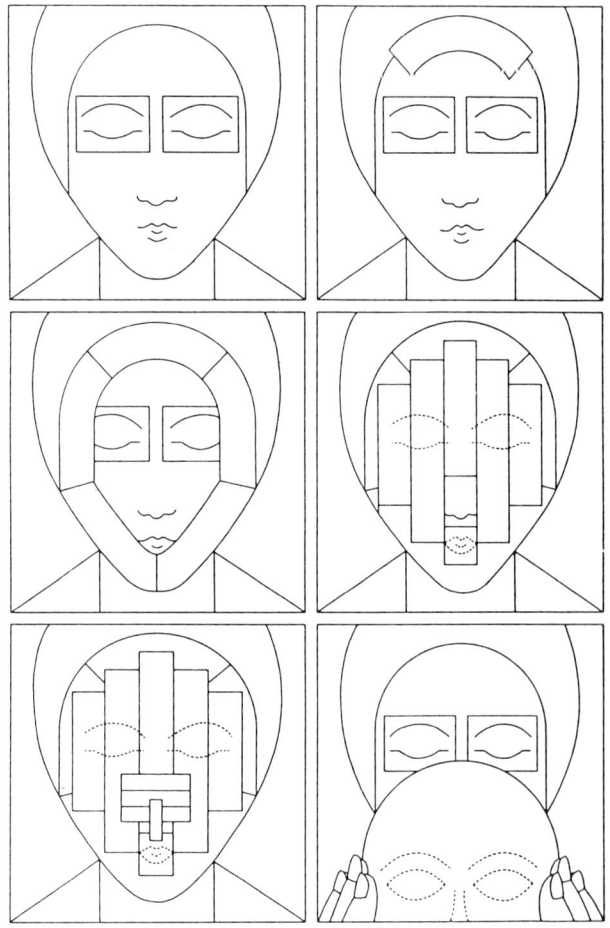

Zum Schutz vor Gipsflecken legt man ein Hand-
tuch über den Oberkörper des Modells; Arbeits-
kleidung ist für Modell und Modelleur in jedem Fall
anzuraten.
Schneiden Sie nun die Gipsbinden in verschieden
lange und breite Streifen. Für die Randbereiche des
Gesichts haben sich ca. 10 cm lange und 4 cm
breite Streifen bewährt, zum Bedecken von Augen,
Mund und Wangen sind etwa halb so lange und
breite Streifen ideal; der Nasensteg wird mit
ca. 3 cm langen und 0,5 cm breiten Streifen
eingegipst. Insgesamt werden ungefähr 70 bis 80
Streifen benötigt.

Tauchen Sie die Gipsbindenstreifen jeweils kurz in das warme Wasser, lassen Sie diese kurz abtropfen und legen Sie sie unverzüglich auf das Gesicht. Die einzelnen Streifen sollten sich dabei ausreichend überlappen. Beginnen Sie mit dem Auflegen der längsten und breitesten Streifen auf der Stirn und arbeiten Sie sich am Ohransatz entlang bis zum Kinn vor; nach dem Bedecken von Wangen und Mundpartie werden zuletzt Augen und Nase zugegipst. Die Nasenlöcher müssen in jedem Fall frei bleiben, um dem Modell das ungehinderte Atmen zu ermöglichen. Damit die Maske genügend Stabilität erhält, werden gegebenenfalls mehrere Schichten von Gipsbinden übereinandergelegt.

Soll diese Gesichtsabformung später direkt zu einer tragbaren Maske werden, ist folgendes zu beachten: Die Augen müssen entweder von vornherein ausgespart und nach dem Trocknen mit einem Messer versäubert werden, oder man schneidet sie nachträglich aus der erhärteten Maske aus; diese Möglichkeit bietet sich besonders dann an, wenn eine spezielle Augenform erwünscht ist, wie zum Beispiel Schlitzaugen. Besondere Aufmerksamkeit gilt auch der Bearbeitung der zuletzt aufgetragenen Gipsbindenschicht: Als spätere Maskenoberfläche muß sie sorgfältig glattgestrichen werden.

Während des gesamten Vorgangs sollte sich das Modell nicht bewegen. Zu seiner Beruhigung erklären Sie ihm die Arbeitsschritte und teilen ihm mit, wie lange es noch ungefähr dauert. Nach etwa 10 bis 15 Minuten kann das Modell seine Gesichtsmuskeln bewegen und dabei kräftig unter die Maske pusten. Der fertige Gipsabdruck löst sich vom Gesicht und kann – am besten vom Modell selbst – abgenommen werden. Als tragbare Gesichtsmaske hergestellt, kann die fertige Gipsform, nach dem Versäubern der Augen und der Ränder, auf unzählige Arten weiter bearbeitet werden.

Besonders geeignet ist die entstandene Gipsmaske jedoch zur Herstellung einer Positivform:
Nach dem Abnehmen vom Gesicht des Modells sollte die Maske etwa eine weitere halbe Stunde gut durchtrocknen. Anschließend werden die Nasenlöcher von der Außenseite her mit Gipsbindenstückchen geschlossen und der gesamte Rand der Maske durch das Anlegen weiterer Gipsbindenstreifen um etwa 2 bis 3 cm erhöht. Nach gut drei Stunden ist die so entstandene Negativform völlig ausgehärtet.

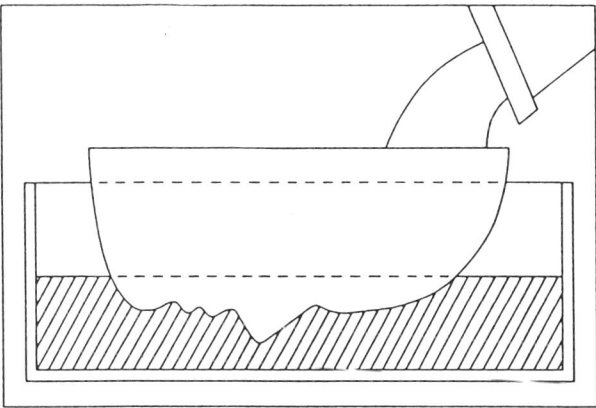

Durch das Ausgießen dieser Gesichtsabformung entsteht die eigentliche Grundform zum Anfertigen paßgenauer Gesichtsmasken.

Dazu wird die Negativform zunächst mit Trennmittel (z. B. Vaseline) eingestrichen, damit sich Positiv und Negativ später voneinander lösen lassen. Das Gipsnegativ wird nun am besten in einen mit einer wenige Zentimeter hohen Sandschicht versehenen Karton gelegt, damit es mit der Öffnung nach oben waagerecht fixiert wird und nicht verrutschen kann. In einen Eimer mit etwa 1,5 l kaltem (!) Wasser rühren Sie nun etwa 2,5 kg Gips sorgfältig und so vorsichtig ein, daß keine Klumpen entstehen. Damit Luftblasen entweichen können, setzt man den Eimer einige Male fest auf den Boden auf.

Gießen Sie den Gipsbrei nun unverzüglich von der Stirnseite her in die Negativform. Nach mehreren Stunden hat der Gips soweit abgebunden, daß das Negativ von der Seite her abgerissen oder abgeschlagen werden kann. Da es seinen Zweck nun erfüllt hat, darf es dabei ohne weiteres zerstört werden; man bezeichnet diese Art der Gießform daher auch als „verlorene Form".

Bis zur völligen Aushärtung muß die so entstandene Positivform nun ungefähr 2 Wochen trocknen.

Auf dieses „Duplikat des menschlichen Gesichts" lassen sich nun mit unterschiedlichsten Materialien paßgenaue Masken zum Tragen aufmodellieren.

Masken verzieren

Unabhängig von der Art der gewünschten Verzierung stellt die neutrale Rohmaske eine Herausforderung an die Kreativität des Gestalters dar: Ob phantasievoll bemalt, mit Applikationen unterschiedlichster Materialien versehen oder mit Tüchern, Papier oder verschiedenen Modelliermassen verfremdet – stets entstehen, auch bei gleicher Ausgangsform, individuelle Einzelstücke.

Mit Farbe gestalten

Zum Bemalen von Rohmasken eignen sich, je nach Material, unterschiedliche Farben. Kunststoff- und Keramikmasken lassen sich ausgezeichnet mit Hobbyacryl- und Plakatfarben gestalten; besonders interessante Effekte erlauben Metallic- und Perlmuttfarben in zahlreichen Farbschattierungen, „Plastische" Zeichnungen entstehen ohne großen Aufwand mit Glitter aus der Tube; mit diesem Gemisch aus Metallpartikeln und Klebstoff lassen sich Farbflächen durch Konturen und Details wirkungsvoll betonen und verfeinern. Aber auch farbige Tusche und Wasserdeckfarben können reizvoll zur Verzierung von Masken eingesetzt werden; hierbei ist jedoch das Grundieren der jeweiligen Maske mit Plakat- oder Dispersionsfarbe erforderlich. Erst dieser Voranstrich läßt Tusche und Wasserdeckfarben auf den glatten Kunststoffmasken haften; bei Keramikmasken sättigt er die ungeheuer saugkräftige Oberfläche. Gerade auf den porösen Keramikmasken kann zudem, wie auf rauhem Zeichenpapier, mit Blei- und Farbstiften gearbeitet werden.

Unabhängig von der Art des Farbmaterials versiegelt ein abschließender Schutzüberzug mit Streichlack die Flächen und verleiht ihnen besondere Leuchtkraft; dabei ist jedoch zu beachten, daß Plakat- und Wasserdeckfarben durch die Lackierung teilweise erheblich nachdunkeln. Um diese Farbveränderung auszugleichen, sollte dies bereits beim Anmischen der Farben berücksichtigt werden. Bei Blei- und Farbstiftzeichnungen müssen vor dem

Überzug mit Streichlack die losen Farbpartikel unbedingt zuerst mit Lackspray fixiert werden, da das „Zerfließen" der Zeichnung sonst unvermeidlich wäre. Wählen Sie dabei Produkte gleicher Zusammensetzung, um die Verträglichkeit von Spray und Streichlack sicherzustellen.

Zum farblichen Gestalten von glasierten Keramik- oder Porzellanrohlingen werden, dem edlen Material entsprechend, Porzellan-Aufglasurfarben verwendet. Auch glänzende Kunstharzfarben, wie sie im Modellbau Verwendung finden, haben sich bestens bewährt; sie sind einfacher zu verarbeiten und genügen für Dekorationszwecke vollkommen. Für welche Motive Sie sich bei der Gestaltung entscheiden – ob gegenständlich, abstrakt, stilisiert oder geometrisch – hängt ganz von Ihren Vorstellungen und der späteren Verwendung der Maske ab. Skizzieren Sie das jeweilige Motiv am besten zuerst auf Papier und übertragen es dann nach Augenmaß auf die Gesichtsform. Dies geschieht bei Kunststoff- und gegossenen Masken mit einem Bleistift; mit dem Radiergummi lassen sich begrenzt Korrekturen vornehmen. Zum Vorzeichnen auf glasierten Keramik- oder Porzellanmasken eignet

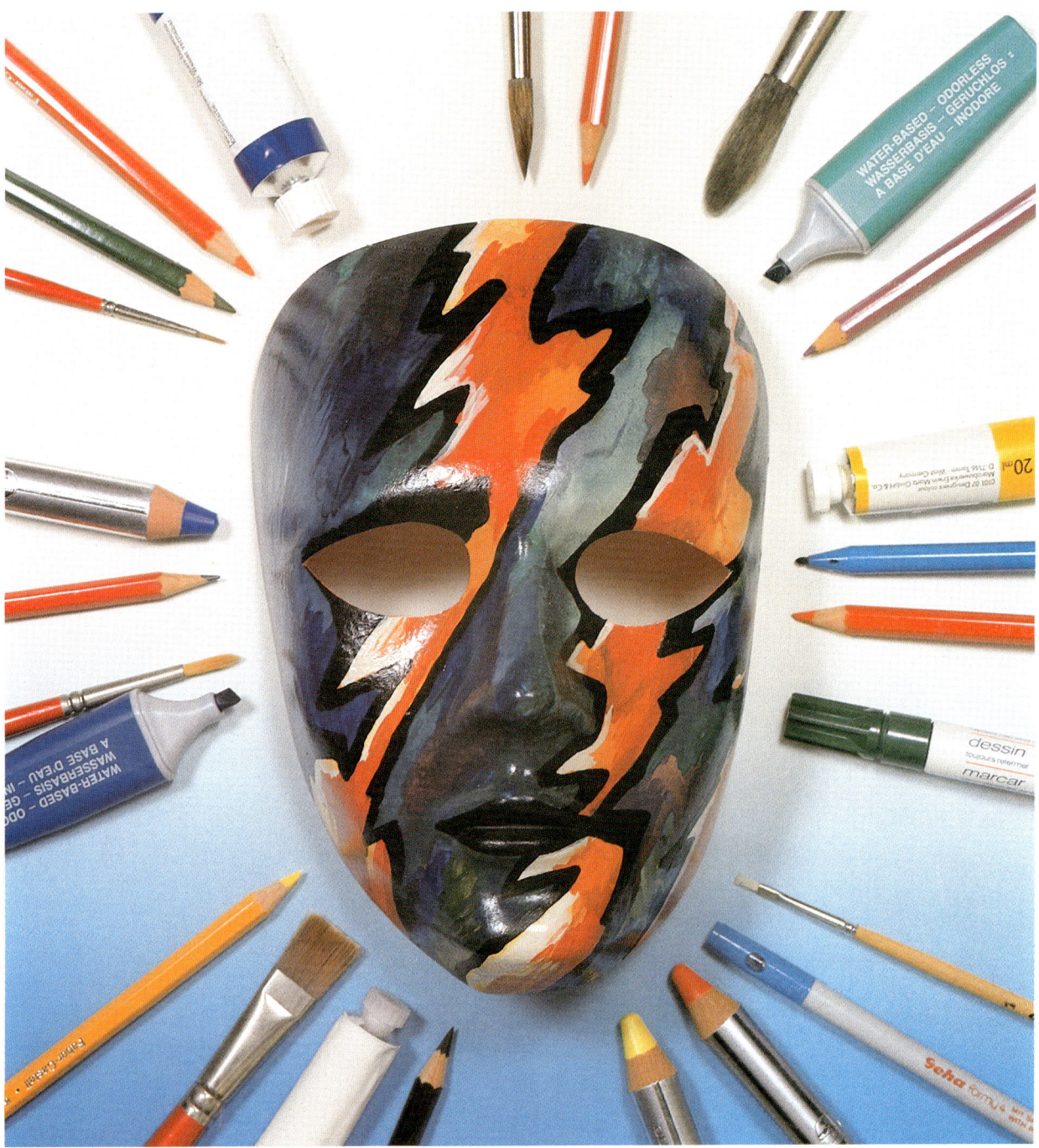

sich ein Folienstift hervorragend, da er mit Glas-
reiniger problemlos wieder entfernt werden kann.
Mit einiger Übung können Sie das Motiv natürlich
auch von einer Grundidee ausgehend ohne Vor-
zeichnung direkt auf der Maske entwickeln.

Bereits das Bemalen von Rohmasken ist, bei unver-
änderter Grundform, ein unerschöpfliches Experi-
mentierfeld. Obwohl die Form tatsächlich nicht
variiert wird, findet mit jeder Farbgestaltung eine

optische Veränderung statt. Je nach Bemalung wirkt
ein- und dieselbe Maske mal breit und gedrungen,
mal schlank und elegant.

links oben
Ausschließlich mit Glitter aus der Tube entsteht auf derselben Grundierung diese stilisierte Darstellung eines Baumes. Einzelne mit Kontaktkleber fixierte Perlen setzen als „Blätter" plastische Akzente. Besonders reizvoll ist die bewußte Einbeziehung der vorgegebenen Form in die Bemalung.

rechts oben
Den mattlackierten schwarzen Anstrich ziert hier ein mit silberfarbenem Glitter „aufgemaltes", symmetrisches Ornament. Eine bewußt einseitig aufgetragene zusätzliche Verzierung sorgt für die nötige Spannung. Zwei passende Schmucksteine werden dabei in die Gestaltung miteinbezogen. Den Rahmen des schlanken, eleganten Gesichts bildet ein Stück Wäschespitze – etwa in der Länge des doppelten Maskenumfangs –, das gerafft und an die Hinterkante der Maske geklebt wird. Zusätzliche Betonung erhält die obere Gesichtshälfte durch eine am Maskenrand befestigte Perlenschnur.

Die gleiche Ausgangsform – dreimal unterschiedlich gestaltet:

oben
Auf eine Grundierung mit schwarzer Plakatfarbe werden die Blattformen mit Gold- und Silberlack aufgemalt. Das Anlegen der linearen Zeichnung sowie das Konturieren der Blätter erfolgt – nach vorhergehendem Lacküberzug – mit Glitter aus der Tube.

rechte Seite
Die „glänzende" Bemalung dieser Gießkeramikmaske resultiert aus der Verwendung von Kunstharzfarben. Nach einer Grundierung mit Silber wird das Motiv des Paradiesvogels in Schwarz und Weiß aufgemalt. Silberfarbener Glitter betont einzelne Konturen.

Diese handelsübliche venezianische Schnabelmaske aus Kunststoff wird unter Betonung der Augenpartie großflächig mit Metallicfarben bemalt. Die eigentliche Zeichnung entsteht jedoch erst mit Glitter aus der Tube.

Daß geometrische Muster bei der Gestaltung von Masken durchaus ihren eigenen Reiz haben, zeigt diese selbstgegossene Maske in eindrucksvoller Weise. Die schlichte, aber exakte Bemalung lebt dabei von zahlreichen Kontrasten: oben – unten, links – rechts, klein – groß, matt – glänzend, positiv – negativ. Bei aller Strenge der Aufteilung in vier gleichgroße Gesichtspartien suchen sich die Flächen durch ihre Auflösung in Quadrate zu durchdringen.

rechte Seite
Eine asymmetrische Bemalung mit einem Fantasiemuster lockert die starre Vorgabe dieses Gesichts auf.

Applikationen

Ein reichhaltiges Angebot an Dekorationsmaterialien aller Art ermöglicht die Realisierung individueller Gestaltungsziele: Neben Perlen und Schmuckelementen in unzähligen Formen und Farben, floralen Elementen aus verschiedenen Materialien sowie Borten, Spitzen und Pailletten lassen sich auch Federn, Gräser und andere Naturmaterialien zur phantasievollen Gestaltung von Masken einsetzen. Einige dieser Möglichkeiten werden im folgenden anhand konkreter Beispiele erläutert.

Applikation von Perlen und Schmuckelementen

Kostbar wirkende Verzierungen erhalten Masken mit dem Aufbringen von Perlen und Schmuckelementen. Zur großflächigen Applikation dieser Materialien hat sich die Verwendung von Knetwachs bewährt, das in zahlreichen Farbschattierungen im Hobby- und Bastelbedarfs-Fachhandel erhältlich ist. Das Wachs wird einige Zeit weichgeknetet und dann Stück für Stück auf die vorab grundierte Maske aufgebracht, so daß sich eine wenige Millimeter dicke Schicht ergibt. Perlen und Schmuckelemente werden einfach ins Wachsbett gedrückt und sind somit dauerhaft fixiert.
Direkte und intensive Bestrahlung der mit Knetwachs fixierten Teile durch Sonnen- oder Kunstlicht ist unbedingt zu vermeiden, da die entstehende Wärme die Wachsschicht aufweichen und deformieren kann.
Bei Masken zum Tragen werden die Schmuckteile stattdessen einzeln mit der Heißklebepistole oder mit Kontaktkleber befestigt. Bei der Verwendung von Klebstoff ist zu beachten, daß dieser nicht auf die Sichtseite der Teile gelangt, da die Säure die Lackierung der Schmuckelemente anlöst.

Perlenschnüre bzw. Gliederketten aus Kunststoff sind die beiden wesentlichen Verzierungselemente dieser schlichten Beispiele in Gold bzw. Silber.
Die Perlenschnüre der goldfarbenen Maske werden Reihe für Reihe auf die vorab mit Klebstoff bestrichenen Stellen gelegt und angedrückt. Sie bilden einen reizvollen Kontrast zu flächig verarbeitetem Dekoband (links oben).
In einem dünn aufgetragenen Knetwachsbett lassen sich dagegen die Gliederketten der silberfarbenen Maske fixieren. Die Kunststoffblätter werden zusätzlich mit Klebstoff befestigt (links unten).
Diese beiden Masken sind überzeugende Beispiele dafür, daß es keiner aufwendigen Verzierung bedarf, um ansprechende Ergebnisse zu erzielen.

Um die überaus reich geschmückte Haube dieser eindrucksvollen Maske herzustellen, wird die Gesichtsform mit einer Schablone aus stabiler Wellpappe erweitert, damit zusätzlicher Raum für Verzierungen entsteht. Sie läßt sich an der noch unbemalten Maske einfach mit Klebstreifen befestigen und erhält, wie auch die Stirnfläche, einen gleichmäßigen Überzug mit Knetwachs. Von den größten Schmucksteinen ausgehend, entwickelt man nun die vielfältigsten Blütenformen (oben).

Flächig aufgeklebte Perlenschnüre in changierenden Farben sind ausschlaggebend für den eigenwilligen Charakter dieser Ton in Ton gehaltenen Maske. Die Ausgangsform erhält eine Erweiterung durch ein entsprechend zugeschnittenes Stück stabilen Kartons, der wie die Stirnfläche zuerst mit waagerecht, dann senkrecht aufgetragenen Perlenschnüren bedeckt wird. Das Farbspiel der Perlen aufgreifend, erfolgt die Bemalung mit Metallicfarben und sorgt für eine harmonische Gesamtwirkung (unten).

Florale Applikation

Eine Halbmaske aus Kunststoff ist die Grundlage dieser, von einem historischen Brautgebinde inspirierten, barock anmutenden Maske.

Sie erhält zunächst eine zurückhaltende Bemalung in Gold und Silber. Die Verzierung setzt sich aus den verschiedensten Materialien zusammen: Gold- und silberfarbene Seidenblüten und -blätter, verschiedene Perlen, auf Silberdraht gezogen und zu Blüten geformt, werden ergänzt durch Borten und Bänder in den passenden Farbtönen. Das Material wird nach Belieben Stück für Stück mit der Klebepistole oder mit Kontaktkleber befestigt; findet die Maske lediglich als Dekoration Verwendung, können die einzelnen Teile auch in ein vorab aufgetragenes Knetwachsbett gedrückt werden.

Nach derselben Methode lassen sich auch die großzügigen Dekorationen der beiden Vollgesichtsmasken fixieren. Der Kranz aus Gartenfrüchten und Blättern, der die silberfarben grundierte Maske ziert, wird, bevor man ihn befestigt, mit Gold- und Silberlack übersprüht.

Bei der goldfarbenen Maske besteht die zartfarbige Verzierung dagegen aus im Fachhandel fertig erhältlichen handbemalten Metallblüten und -blättern. Den bereits vorgegebenen Antikeffekt der Blüten aufgreifend, wird das Gesicht vor dem Applizieren zusätzlich patiniert. Dazu gibt man etwas dunkelbraune Ölfarbe auf ein mit Leinöl getränktes Tuch und reibt die Maskenfläche damit ein; nach dem Abwischen mit einem sauberen Tuch bleibt die Farbe in den Poren und Vertiefungen der Maske stehen und betont auf diese Weise die Plastizität des Gesichts.

Applikation von Federn

Besondere Sorgfalt verlangt die Verarbeitung von Federn. Da sie bereits bei geringstem Kontakt mit Klebstoff verkleben und unansehnlich werden, sollte ein Tropfen Alleskleber am Federkiel zur Befestigung genügen. Wer es, nach einiger Übung, versteht, materialgerecht mit diesen Naturprodukten umzugehen, kann damit ohne großen Aufwand besonders reizvolle Effekte erzielen.

Als Grundlage der Vogelmaske auf der linken Seite dient eine Augenmaske aus Kunststoff. Die Nasenpartie wird so ausgeschnitten, daß sich ein Schnabel aus Karton anbringen läßt; dazu werden zwei deckungsgleiche Schnabelhälften aus Karton mit Klebstreifen zusammengeheftet und an der Maske fixiert. Abschließend erhalten sie einen Überzug aus Goldfolie. Eine schematische Anleitung zum Herstellen von Schnäbeln finden Sie im Kapitel „Freies Modellieren" (venezianische Schnabelmasken). Kleben Sie die Federn nun Stück für Stück neben- und Schicht für Schicht übereinander. Nur die erste Schicht aus schlichten braunen Federn wird nach dem Anbringen mit Goldlack übersprüht. Sind alle Federn plaziert, werden die Augen mit Paillettenband effektvoll umrahmt; einige Federn erhalten eine zusätzliche Betonung mit goldfarbenem Glitter aus der Tube.

rechte Seite
Eine einseitig angebrachte Applikation ziert diese Vollgesichtsmaske. Stabile Dekofedern werden fächerförmig auf die goldfarben grundierte Maske aufgeklebt, darüber befestigt man ein gerafftes Stück schwarzer Spitze; dieses Arrangement wird mit Goldlack übersprüht. Nach dem Trocknen lassen sich mit einzelnen naturbelassenen Federn effektvolle Farbakzente setzen, nach Wunsch aufgeklebte Schmucksteine und eine Perlenkette vervollständigen die Gestaltung.

Masken verändern

Variationen mit Tüchern

Obwohl bereits das Verzieren oder Bemalen vorgefertigter Maskenformen ungeheuer vielfältige Gestaltungsmöglichkeiten bietet, geht man dabei doch immer von einer vorgegebenen, also in gewisser Weise die Kreativität einengenden Gesichtsform aus. Beinahe zwangsläufig entsteht daher der Wunsch, die Ausgangsform zu verändern. Durch die Verfremdung der Rohmaske lassen sich schon vor der weiteren Gestaltung individuelle Einzelstücke schaffen.

Eine bewährte Kaschiertechnik aus dem Theater- und Dekorationsbereich ist Vorbild für eine einfache, aber sehr effektvolle Methode des Variierens von Rohmasken: Tücher, mit angerührter Gießmasse oder Gips getränkt, werden um die Ausgangsform drapiert und lassen auf diese Weise völlig neue Maskenformen entstehen. Nach dem Aushärten sind sie bezüglich Oberflächenbeschaffenheit und Stabilität kaum von Keramik zu unterscheiden. Besonders gut eignen sich Leintücher (Bettücher) für diese Technik, da sie sehr saugfähig sind und eine feine Textilstruktur aufweisen, die sich mit der Gießmasse leicht schließen läßt. Stoffe mit hohem Kunstfaseranteil sind ungeeignet.

Als Basis bieten sich Keramikmasken an, da die poröse, saugfähige Oberfläche eine stabile Verbindung mit den in Gießmasse getränkten Tüchern eingeht.

Folgendes Material wird benötigt:
- selbsthärtende keramische Gießmasse oder Modellgips
- ein Leintuch
- ausreichend großes Gefäß zum Anrühren der Masse
- kaltes Wasser
- und natürlich eine entsprechende Rohmaske

Nun zum Arbeitsvorgang. Aus dem Leintuch werden, je nach Bedarf, mehr oder weniger breite Streifen zugeschnitten und, quasi zur Anprobe, trocken um die Maske drapiert. Entspricht die Gesamtwirkung Ihren Vorstellungen, wird die Gießmasse angerührt; damit sich die Tücher gut

Die Abbildung zeigt eine nach dieser Methode hergestellte Maske im Rohzustand. Unabhängig von seiner ursprünglichen Farbe wird das verwendete Leintuch dabei durch die Gießmasse stets weiß gefärbt.

vollsaugen können, sollte sie etwas dünnflüssiger angemischt werden als in der Gebrauchsanweisung angegeben. Rühren Sie aber immer nur die Menge an, die Sie sofort verarbeiten können, da die Masse innerhalb weniger Minuten abbindet!

Weichen Sie die Tücher nun kurz ein und drapieren Sie diese unverzüglich um die Maske; dabei ist zu beachten, daß keine Gießmasse auf freibleibende Partien der Maskenoberfläche tropft. Eventuell nötige Korrekturen müssen sofort vorgenommen werden. Überschüssige Gießmasse läßt sich zur Stabilisierung des Faltenwurfs verwenden, indem man sie vorsichtig auf die entsprechenden Stellen gießt; auch hierbei ist rasches Arbeiten unumgänglich, um störende Tropfnasen zu vermeiden.

Nach ca. 30 Minuten sind die Tücher so weit ausgehärtet, daß die Kanten mit einem scharfen Messer versäubert werden können. Da die Grundmaske bei dieser Arbeitstechnik die Feuchtigkeit der Tücher aufsaugt, benötigt die gesamte Maske nun noch einige Tage zum vollständigen Aushärten bzw. Trocknen, bevor sie bemalt werden kann.

Es empfiehlt sich, vor dem eigentlichen Arbeitsvorgang zuerst einmal mit kleinen Stoffstückchen zu experimentieren, um sich mit dieser Technik vertraut zu machen. Auf diese Weise können Sie auch die benötigte Menge der Gießmasse besser abschätzen.
Mit dieser schnellen und problemlosen Methode der Variation von Rohmasken lassen sich stets aufs neue erstaunliche Ergebnisse erzielen.

Zum Vergleich: Dieselbe Maske nach Fertigstellung der Bemalung. Die Drapierung der Falten wird durch einen Farbverlauf aufgelockert, die Oberfläche des Gesichts durch graphische Wellenlinien verfeinert.

Mit zeitgemäßen, graphischen Mustern gestaltet ist dagegen dieses reizvolle Beispiel. Die strenge Umrahmung des Gesichts wird durch die Fortsetzung der Bemalung auf einem Teil des Faltenwurfs durchbrochen.

Um den rechts abgebildeten auffälligen Kopfschmuck herzustellen, falten Sie ein Tuch (50 × 100 cm) der Länge nach zusammen. Nach dem Eintauchen in Gießmasse wird es, mit dem geschlossenen Rand nach außen, fächerartig um die Grundform drapiert. Zwei schmale Tuchstreifen rahmen das Gesicht, ein breiteres, gerafftes Band wird als Haube über die Stirn gelegt und verdeckt so die Ansatzstellen der Drapierung.

Der Marmoreffekt entsteht jedoch erst durch eine spezielle Maltechnik. Hierfür benötigen Sie weiße und schwarze Dispersions- oder Plakatfarbe, einen Flachpinsel, einen feinen Pinsel sowie wasserlöslichen Goldlack.

Die Grundierung der ausgehärteten Maske erfolgt in Schwarz bzw. Weiß. Nach dem Trocknen wird zunächst das Gesicht nochmals weiß grundiert, mit dem feinen Pinsel werden schwarze Adern in die nasse Farbe gemalt. Nun verzieht man die schwarze Farbe mit dem Flachpinsel, so daß sich

graue Schattierungen ergeben. Die letzten Feinheiten werden mit dem feinen Pinsel und verdünnter weißer und schwarzer Farbe aufgezeichnet, einzelne Partien mit Goldlack betont. Die Ausarbeitung des Tuches erfolgt entsprechend in Schwarz und Gold, ein Überzug mit glänzendem Siegellack macht den Eindruck einer edlen Steinoberfläche perfekt.

Unsere Abbildung zeigt ein Beispiel für die Verwendung ausgesuchter Geschenkpapiere und für betonte Asymmetrie. Das geometrische Muster des Papiers wird in die Bemalung der Rohmaske übernommen und scheint sich auf deren Oberfläche in seine einzelnen Bestandteile aufzulösen.

Vorher unscheinbares Schreibmaschinenpapier wird nunmehr – nach der Bemalung – zur kostbaren Umrahmung einer selbstgegossenen Maske. Durch Glitter aus der Tube erhält der Farbverlauf des Gesichts eine dekorative Betonung.

Variationen mit Papier

Ähnlich der im vorhergehenden Kapitel beschriebenen Arbeitstechnik läßt sich die Form einer Rohmaske auch mit Papier verändern. Anstelle von keramischer Gießmasse dient hier jedoch ein mit Wasser angerührtes Gemisch aus Tapetenkleister und Holzleim zur Befestigung und Stabilisierung des Papiers. Als Ausgangsform eignen sich daher sowohl Keramik- als auch Kunststoffmasken. Während Gießmasse die verwendeten Tücher ungeachtet ihrer ursprünglichen Farbe stets weiß färbt, trocknen Holzleim und Tapetenkleister völlig farblos auf. Eine ideale Voraussetzung, um neben stabilem, nicht zu dickem Zeichenpapier auch farbiges Tonpapier, Tapeten oder Geschenkpapier verwenden zu können. Das jeweilige Muster und die Farbgebung lassen sich dabei bewußt in die Gestaltung miteinbeziehen.

Nun zum Arbeitsvorgang. Relativ dünnflüssig angerührter Tapetenkleister und Holzleim (Weißleim) werden im Verhältnis 2 : 1 in einem ausreichend großen Gefäß gemischt. Im Gegensatz zur keramischen Gießmasse ist diese Mischung über längere Zeit verwendbar, kann daher in beliebiger Menge angerührt und in einem verschließbaren Gefäß aufbewahrt werden.

Bevor Sie mit dem Arbeiten beginnen, ist es von Vorteil, verschiedene Papiere auf Saugfähigkeit und Stabilität zu testen. Das nach Ihren Vorstellungen geeignete Papier wird vorsichtig zerknittert, kurz in die Flüssigkeit getaucht und anschließend um die Maske drapiert. Besonders wichtig ist das sorgfältige Andrücken der Verbindungsstellen zwischen Maske und Papier.

Im Gegensatz zur vorher beschriebenen Technik braucht das Leim-Kleister-Gemisch wesentlich länger zum Trocknen. Sie können sich daher beim Modellieren genügend Zeit lassen, eine Drapierung kann gegebenenfalls mehrmals verändert werden. Um auf der Maskenrückseite einen sauberen Abschluß zu erhalten und den „Faltenwurf" zusätzlich zu stabilisieren, sollte bereits vor Arbeitsbeginn ein ausreichend großes Stück weißen oder farblich passenden Plakatkartons unter die Maske gelegt werden. Nach etwa ein bis zwei Tagen hat das Papier eine lederharte Festigkeit, der Karton wird nun entlang der äußeren Papierkontur einfach mit der Schere zugeschnitten. Das Ausschneiden der

Gesichtskontur auf der Rückseite erfolgt mit einem Klingenmesser.

Falls die „Modellierung" aufgrund eines zu geringen Leimanteils an einigen Stellen noch nicht ausreichend gehärtet sein sollte, sorgt ein Anstrich mit dem Leim-Kleister-Gemisch für zusätzliche Aussteifung.

Im Vergleich zur im vorhergehenden Kapitel beschriebenen Technik ist diese Variante aufgrund des geringen Materialgewichts gerade zur Herstellung tragbarer Masken hervorragend geeignet.

Um eine ganz andere Art der „Variation mit Papier" (bzw. Karton) handelt es sich bei dieser reizvollen Vogelhaube: Ausgangsform ist hier eine Kunststoffgesichtsmaske, deren untere Hälfte einfach abgeschnitten wurde.

Nach einer leichten Korrektur der Augenform wird die Nase so ausgeschnitten, daß sich an ihrer Stelle ein spitzer Schnabel mit Klebeband befestigen läßt. Die Vorlage dafür finden Sie, ebenso wie Flügel und Federn, ihrer Lage entsprechend auf der Schemazeichnung im Anhang (Nr. III).

Alle Teile werden aus stabilem Plakatkarton zugeschnitten, auf der Haube bzw. aneinander mit Kontaktkleber fixiert und mit einer Mischung aus Holzleim und weißer Dispersionsfarbe (Verhältnis 1:2) mehrfach grundiert.

Malen Sie nun mit feinem Pinsel die Ornamente auf Stirn und Federn sowie die Einfassung der Augen in Gold und Silber auf. Alle Linien werden anschließend mit gleichfarbigem Glitter nachgezogen. (Ohne das Unterlegen mit Farbe wären auf weißem Untergrund keine gleichmäßig deckenden Linien möglich). Kleine goldene Perlen, auf das Stirnmuster und in die Augenwinkel gesetzt, runden die Verzierung ab.

35

Grundform der „Eule" auf dem oberen Bild ist eine schlichte Augen-maske aus Kunststoff. Durch Aufmodellieren einzelner Partien, wie Augenlider, Schnabel, Stirnornament, mit gebrauchsfertiger Modell-iermasse läßt sie sich entsprechend variieren. Die bewußt zweifarbig gehaltene Bemalung hebt die Augenpartie hervor.

Wie aus Zinn gegossen wirkt diese unglasierte Keramikmaske (unten). Die nahezu perfekte Täuschung ist lediglich Resultat einer silberfarbenen Grundierung mit anschließend aufgetragener Patina. Das stilisierte Muster verleiht den aufmodellierten Partien besondere Betonung.

Aufmodellieren

Beim Verändern von Masken mit Tüchern oder Papier wird lediglich die vorgegebene Kontur der Maske variiert und zu neuen Formen erweitert. Die eigentliche Rohmaske bleibt dabei in ihrer Aus-prägung erhalten. Mit Modelliermasse hingegen kann man einer Maske völlig neue Gesichtszüge verleihen.

Hierfür stehen neben verschiedenen lufttrock-nenden, also selbsthärtenden Modelliermassen in unterschiedlichen Zusammensetzungen auch einige ofenhärtende Materialien zur Verfügung. Lufttrocknende Materialien, die als Pulver erhältlich sind, das mit Wasser angerührt wird, trocknen relativ grob und porös auf und eignen sich daher in erster Linie für großflächige Arbeiten. Eine wesent-lich glattere Oberfläche ergeben gebrauchsfertige Massen, mit denen sich auch Feinheiten sehr gut modellieren lassen.

Unübertroffen bei der Ausarbeitung feinster Details sind jedoch ofenhärtende Modelliermassen. Diese Kunststoffe ermöglichen völlig glatte, geschlossene Oberflächen.

Mit welchem Material man auch arbeitet, Model-lierhölzer, spitze Messer und Holzstäbchen sind stets hilfreiche Werkzeuge.

Prinzipiell gilt, je poröser die Oberfläche der Roh-maske, desto stabiler ist die Verbindung von Maske und Modellierung. Gegebenenfalls lassen sich die Ansatzstellen mit grobkörnigem Schleifpapier auf-rauhen.

Selbsthärtende Modelliermasse

Grundsätzlich eignet sich – von glasierten Keramik-masken abgesehen – jede Art von Rohmasken für eine Verfremdung mit lufttrocknenden, also selbst-härtenden Materialien. Vor dem Auftrag der Modelliermasse ist die Maske an den entsprechen-den Stellen mit Wasser anzufeuchten, damit sich eine besonders gute Verbindung ergibt. Die ein-zelnen Teile der Modellierung werden fest ange-drückt und die Übergänge sorgfältig verstrichen. Bis zum völligen Aushärten benötigt die Masse, je nach Wandstärke der Modellierung, wenige Tage bis zu einer Woche. Eventuelle Unebenheiten oder während des Trocknens entstandene Risse werden erneut angefeuchtet und mit ein wenig Modellier-masse korrigiert; die durchgetrocknete Fläche läßt

sich bei Bedarf mit feinem Schleifpapier glätten.
Der farblichen Gestaltung steht nun nichts mehr im
Wege. Um Modellierung und Bemalung abschließend zu versiegeln, sollte die Maske auf jeden Fall
lackiert werden.
Ein und derselben Grundform kann durch Verändern einzelner Gesichtspartien ein immer wieder
neuer Charakter verliehen werden.

*Sein ausgefallenes Profil erhält dieser „Paradiesvogel" durch eine
einseitig aufmodellierte Augenmaske, in die auch die Nase in Form
eines Schnabels mit einbezogen wird.*
*Nach dem Aushärten der Modellierung erfolgt die Grundierung der
gesamten Maske in Silber, einzelne Partien werden durch eine
Bemalung mit Metallicfarbe in Violett hervorgehoben, Konturen
mit silberfarbenem Glitter betont.*
*Die Federn sollten erst nach dem Lackieren der Bemalung, wie im
Kapitel „Applikationen" beschrieben, angebracht werden, einige
erhalten eine zusätzliche Betonung mit Glitter. Ein Schmuck-
ornament, aus Paillettenband und einem entsprechenden Stein
geformt, rundet die Gestaltung ab.*

Ofenhärtende Modelliermasse

Im Gegensatz zur vorher beschriebenen Technik dürfen bei dieser Arbeitsweise nur hitzebeständige Masken aus Keramik oder keramischer Gießmasse, keinesfalls Maskenrohlinge aus Kunststoff verwendet werden.

Bereits vor Arbeitsbeginn legt man die Rohmaske auf ein mit Alufolie ausgekleidetes Backblech, damit die Modellierung nach ihrer Fertigstellung nicht unnötig bewegt werden muß.

Die Dauer des Brennvorgangs ist der jeweiligen Gebrauchsanweisung zu entnehmen; Einzelteile, die nach dem Brennen nicht von selbst auf der Maske haften, können mit Zwei-Komponenten-Kleber befestigt werden. Ofenhärtende Modelliermassen sind in verschiedenen Farbtönen erhältlich; arbeitet man von vornherein mit diesen farbigen Materialien, so erübrigt sich das zusätzliche Bemalen.

Beinahe wie ein Museumsstück aus längst vergangenen Zeiten wirkt die aufwendig gearbeitete „Schlangenmaske". Um dieses skurrile Kunstwerk zu fertigen, walzen Sie schwarzes Fimo wenige Millimeter dick aus und drücken es in einzelnen Platten auf das Gesicht. Zusätzlich wird die so entstandene Haube durch eine Umrahmung mit Modelliermasse erweitert. Dabei ist es von größter Wichtigkeit, daß die Maske völlig plan aufliegt.

Die Übergänge der einzelnen Platten – besonders zwischen Gesicht und Umrahmung – werden sorgfältig verstrichen und geglättet. Mit einem spitzen Messer erfolgt nun das Zuschneiden der Haube gemäß der Schemazeichnung.

Auf diese Grundlage läßt sich die eigentliche Modellierung auftragen. Aus dünnen Teigrollen werden die Schlangen geformt, in strenger Symmetrie auf die Haube gelegt und angedrückt. Die Ausarbeitung des Rahmens erfolgt mit unterschiedlich dicken Teigrollen und -kugeln. Den Mittelpunkt der Haube bildet ein in Falten gelegter Streifen aus Fimo. Ein geschliffener Schmuckstein aus Glas wird als Tüpfelchen auf dem i an entsprechender Stelle in die Modelliermasse gedrückt (Kunststoffteile nimmt man wieder ab, sie können erst nach dem Brennen mit Alleskleber befestigt werden).

Ihre typische Reptilienhaut erhalten die Schlangen durch Eindrücken eines feinen Siebs in die Modelliermasse. Filigranperlkappen aus Metall bilden die Augen, goldfarbene Stecknadeln die Zungen.

Der antikisierende Effekt in der subtilen Farbgebung entsteht durch einen Überzug der fertigen Modellierung mit speziellem Perlmutt- und Metallicpulver, das in verschiedenen Farbtönen erhältlich ist und einfach mit dem Pinsel aufgetragen wird.

Nun erfolgt das Brennen der gesamten Maske wie auf der Gebrauchsanweisung angegeben. Nach dem Abkühlen wird die frei gebliebene Wangen- und Kinnpartie des Gesichts mit Metallicfarben bemalt und erhält eine zusätzliche Patinierung, um sie der Oberflächenwirkung der Modellierung anzugleichen.

Der zur Versiegelung unbedingt notwendige Überzug mit Fimo-Speziallack verstärkt den metallähnlichen Charakter der modellierten Flächen. Die freigebliebene Partie der Rohmaske wird dabei jedoch ausgespart, da Metallicfarbe ohnehin hochglänzend auftrocknet und sich darüber hinaus mit dem Lack nicht verträgt. Arbeiten Sie daher an den Übergängen von Modellierung und Rohmaske besonders vorsichtig.

Eine zeit- und arbeitsintensive Gestaltung, bei der die Ausgangsform beinahe zur Nebensache wird. Aber wie man sieht – das Resultat lohnt den Aufwand!

Auch der phantasievolle Kopfschmuck dieser Maske besteht vollständig aus schwarzem Fimo. Die obere Gesichtshälfte der unbemalten Keramikform wird zunächst mit einer dünnen Schicht der Modelliermasse belegt. Bevor Sie mit dem Ausarbeiten der Details beginnen, werden zwei Teilstücke aus Blumendraht (etwa 30 bzw. 40 cm lang), wie auf der Schemazeichnung veranschaulicht, in Form gebogen. Das längere Teilstück bildet, in der Mitte geknickt und bis zur Hälfte fest zusammengedreht, das Gerüst für den Schwanenhals; es wird entlang der Augenbrauen aufgestützt. Das kürzere Drahtstück wird laut Zeichnung hindurchgesteckt und bildet später die obere Kante der Schwanenflügel.

Schneiden Sie für die Flügel entsprechende Flächen aus Fimo zurecht und drücken Sie diese oberhalb der Augenbrauen an. Die Drähte werden in Form gebogen und mit der Oberkante der Flügel umkleidet. Modellieren Sie nun den Schwanenkopf, stekken Sie ihn auf das zurechtgebogene Halsgerüst und umkleiden es abschließend mit der Modelliermasse.

Jedes Blütenblatt und jede Feder werden frei modelliert, auf der Haube plaziert und vorsichtig angedrückt; eine mühevolle Arbeit, die aber durchaus gerechtfertigt ist, wie das prächtige Ergebnis zeigt.

Ihre Brillanz erhält die Modellierung durch das Auflegen von speziellem Metallicpulver in Blau-, Rot- und Goldtönen; nach dem Härten erfolgt die Bemalung der unteren Gesichtshälfte mit goldfarbenem Lack.

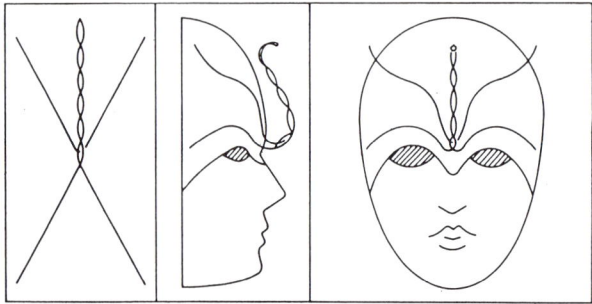

Masken frei gestalten

Freies Modellieren

Wer sich intensiv mit der Gestaltung von Masken befaßt, dem wird das Verändern vorgegebener Formen, bei aller Vielfalt an Möglichkeiten, bald nicht mehr genügen. Erst das freie Modellieren nach individuellen Vorstellungen, also der eigentliche Maskenbau, ermöglicht völlig eigenständige Formen.

Prinzipiell lassen sich hierfür dieselben Materialien verwenden wie zum Aufmodellieren auf vorgegebene Maskenformen. Die Erfahrung zeigt jedoch, daß ofenhärtende Modelliermassen bei großflächiger Verarbeitung zu schwer und nicht zuletzt zu kostspielig sind. Lufttrocknende Massen auf Holzstaub- oder Pappmaché-Basis eignen sich aufgrund ihres geringen Gewichts gerade für tragbare Masken wesentlich besser.

Als Grundlage für die Modellierung dient, je nachdem, ob die spätere Maske getragen werden oder lediglich zur Dekoration dienen soll, eine Gesichtsabformung oder eine handelsübliche Rohmaske. Natürlich ist die Gesichtsabformung nicht unbedingte Voraussetzung für das Herstellen tragbarer Masken; eine gute Paßform macht das Tragen jedoch wesentlich angenehmer.

Diese Ausgangsform wird sorgfältig eingefettet oder fest mit Aluminiumfolie umkleidet, damit sich die fertige Maske später problemlos ablösen läßt. Die Modelliermasse kann nur portionsweise oder aber flächig aufgetragen werden. Bei besonders ausgeprägten Modellierungen bietet sich der Auftrag in Portionen an, während sich die Methode des flächigen Auswalzens in erster Linie zum gleichmäßigen Bedecken größerer Flächen eignet.

Geben Sie dazu einen Klumpen Modelliermasse in eine innen angefeuchtete Plastiktüte und rollen Sie ihn so mit dem Nudelholz zu einer gleichmäßigen, wenige Millimeter dicken Fläche aus. Die Plastiktüte wird anschließend an den Seiten aufgeschnitten, die obere Hälfte der Tüte abgenommen und die zweite Hälfte mit der Modelliermasse nach unten auf die Ausgangsform gelegt. Nach dem vorsichtigen Abziehen der Plastiktüte wird die Masse angedrückt und in der gewünschten Form zugeschnitten.

Unabhängig von der Methode des Aufbringens erfolgt das Ausarbeiten der Modellierung mit angefeuchteten Fingern und Modellierwerkzeugen. Schon jetzt sollten Sie auf Augenhöhe die Befestigungslöcher anbringen, um das spätere Anbohren der bereits ausgehärteten Maske zu umgehen. Nach mehrtägigem Trocknen wird die Maske behutsam von der Grundform abgenommen; die noch feuchte Innenseite kann nun geglättet werden, eventuell überschüssiges Material läßt sich herausschaben, um im Bedarfsfall das Gewicht zu reduzieren. Nach etwa einer Woche ist die Modellierung ausgehärtet und kann wie Weichholz weiterbearbeitet werden; das Versäubern der Ränder und Augenausschnitte erfolgt mit einem scharfen Messer, Unebenheiten und Risse werden mit etwas Modelliermasse ausgekittet und nach dem Trocknen abgeschliffen.

Zum Bemalen der fertigen Maske eignen sich aufgrund der einfachen Verarbeitung vor allem Hobbyacryl- und Plakatfarben.

Ein antikes Aussehen erhalten bemalte Masken durch eine abschließende Patinierung; durch vorheriges Bearbeiten mit Reißlack (nach jeweiliger Gebrauchsanweisung) wird die Oberfläche zusätzlich mit „antiken" Rissen versehen. Zum Patinieren gibt man einen Tropfen Ölfarbe auf ein mit Leinöl getränktes Tuch und reibt die gesamte Maske damit gleichmäßig ein. Beim anschließenden Abwischen der Fläche mit einem sauberen Tuch bleibt die Ölfarbe in den Rissen und Vertiefungen der Maske stehen und bewirkt so den Effekt des künstlichen Alterns.

„Pulcinella" – eine der zahlreichen venezianischen Karnevalsmasken, die der commedia dell'arte entstammen. Entgegen der traditionellen, ausschließlich schwarzen Bemalung ist diese Variante zur Abwechslung zweifarbig gehalten. Das lederartige Aussehen der dunklen Fläche entsteht durch das Patinieren einer mit schwarzer Plakatfarbe aufgetragenen, unlackierten Grundierung.

Durch seine ungewöhnliche Form fällt dieses Beispiel aus dem Rahmen: Die eindrucksvolle Schnabelmaske erhält ihre blütenförmige Kontur durch eine Schablone aus Wellpappe, die sich anhand der Schemazeichnung (Nr. IV, S. 62) zuschneiden läßt (Originalgröße der Rasterquadrate: 2 x 2 cm). Nehmen Sie mit einem Klingenmesser den Ausschnitt für die Grundform vor. Die Schablone wird dünn mit Modelliermasse umkleidet und in die weitere Modellierung der Schnabelmaske einbezogen.
Nach dem Trocknen und Versäubern der Formgebung erfolgt die Bemalung mit Gold-, Silber- und Bronzelack. Eine abschließende Patinierung belebt die Oberflächenstruktur und zieht die Farben optisch zusammen.

Venezianische Schnabelmasken

Wo immer beim Modellieren große, ausladende Teile auftreten, erhalten diese einen stabilisierenden Unterbau durch Hohlformen aus Karton, um unnötiges Gewicht zu vermeiden. Auf diese Weise entstehen auch die Schnäbel der venezianischen Schnabelmasken: Zwei deckungsgleiche Hälften aus Karton werden mit Klebstreifen zusammengeheftet und entsprechend zurechtgebogen. Dieser Schnabel wird gleichmäßig mit Modelliermasse überzogen, nach dem Glattstreichen der Flächen an die übrige Modellierung des Gesichts angesetzt und mit ihr verbunden. Nun kann die weitere Ausarbeitung der Modellierung wie beschrieben vorgenommen werden.

Die „langen Nasen" der folgenden Beispiele für venezianische Schnabelmasken lassen sich ausnahmslos nach dieser prinzipiellen Bauanleitung fertigen.

Um diese ausgefallene, weiße Vogelmaske nach-
zuarbeiten, modellieren Sie nach der prinzipiellen
Bauanleitung eine Schnabelmaske auf eine beliebige
Grundform auf. Originelles Detail: Der stilisierte
Vogelkopf als zentraler Blickfang.

Während die Maske trocknet, werden zwei halb-
kreisförmige Platten in unterschiedlichen Größen
aus Wellpappe zugeschnitten. Kleben Sie den klei-
neren an der Unterseite bündig auf den größeren
Halbkreis, so daß eine Stufe entsteht. Legt man
mehrere Platten mit unterschiedlichem Durchmesser übereinander, entsteht ein regelrechter
„Treppeneffekt".

Die ausgehärtete Maske wird nun mittig auf diese
Pappschablone gesetzt, die Kontur angezeichnet
und mit dem Klingenmesser ein entsprechender
Ausschnitt vorgenommen. Dabei bilden die Augen
der Maske mit der Unterkante der Schablone eine
Linie.

Befestigen Sie die Halbkreise mit Klebstreifen an
der Maske und überziehen Sie die gesamte Schablone (Schnittkanten nicht vergessen!) mit einer
hauchdünnen Schicht Modelliermasse. Der Über-
gang zwischen Maske und Schablone wird dabei
sorgfältig kaschiert.

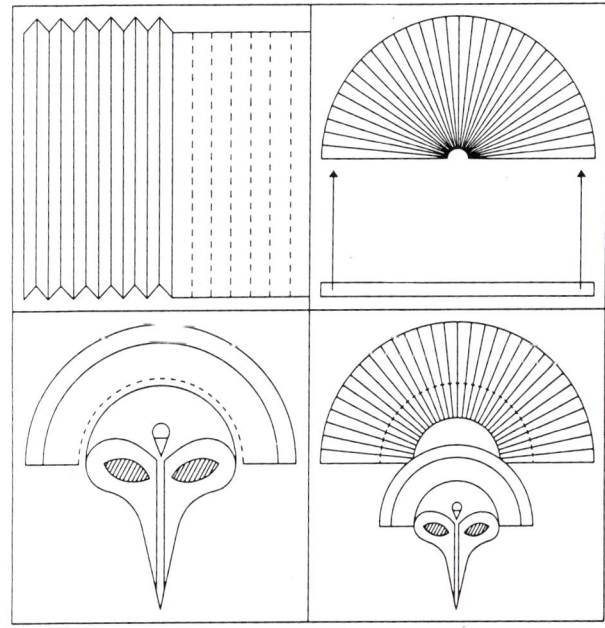

Während die fertige Halbmaske trocknet, läßt sich
der Fächer anfertigen: Dazu benötigen Sie stabiles
Zeichenpapier (150–250 g) im Format 30 × 60 cm.
Von den Breitseiten des Bogens ausgehend, erfolgt
das Abmessen der Faltlinien in gleichen Abständen
(in diesem Fall 2 cm).

Die Linien werden mit einem Bleistift exakt parallel zueinander vorgezeichnet und mit einem Cutter leicht angeritzt, um saubere Faltkanten zu erhalten. In der sogenannten Harmonikafaltung wird der Bogen nun im Wechsel mal nach vorne, mal nach hinten gefaltet. Je nach gewünschter Größe des Fächers lassen sich Breite und Länge des Papierbogens entsprechend variieren; notfalls klebt man mehrere gefaltete Bahnen aneinander. Die Harmonikafaltung wird zu einem halbkreisförmigen Fächer aufgespannt und mit einem an der Unterkante durchgehend aufgeklebten Papierstreifen in dieser Form fixiert.

Streichen Sie nun den Fächer auf beiden Seiten sorgfältig mit verdünntem Holzleim ein. Dieser Vorgang wird nach zwischenzeitlichem Trocknen mehrmals wiederholt. Der völlig farblos aufgetrocknete Holzleim sorgt für eine erstaunliche Stabilität des Fächers. Nach einigen Tagen sind sowohl Halbmaske als auch Fächer ausgehärtet und können miteinander verbunden werden. Mit dem Cutter erhält der Fächer vorab einen Ausschnitt in der Größe der ursprünglichen Schnabelmaske (ohne Pappschablone). Da der Papierstreifen, der zum Fixieren des Fächers während des Trocknens diente, seinen Zweck erfüllt hat, kann er dabei mit weggeschnitten werden. Streichen Sie die Faltkanten des Fächers mit Leim oder Alleskleber ein und setzen Sie die Maske mittig darauf. Sie wird bis zum Antrocknen mit entsprechenden Gewichten beschwert. Zur zusätzlichen Stabilisierung kann der Fächer auf der Maskeninnenseite noch mit in Leim getränkten Papierstreifen befestigt werden.

Schneiden Sie nun aus Plakatkarton eine mit dem größeren Halbkreis deckungsgleiche Schablone zu und kleben Sie diese rückseitig auf den Fächer. Anschließend erfolgt das „Verputzen" aller offenen Kanten und Übergänge mit Modelliermasse. Nach dem Trocknen und Versäubern erhält die Maske einen mehrfachen Anstrich mit weißer Dispersionsfarbe. Die sparsame, an Art-deco-Elemente erinnernde Bemalung mit Goldlack unterstreicht die Eleganz dieser eindrucksvollen Vogelmaske. Eine abschließend unter Aussparung des Fächers dezent aufgetragene Patina sorgt für die zusätzliche Belebung der schlichten Formgebung.

Um diese schlichte „Schmetterlingsmaske" (oben) herzustellen, wird die Modelliermasse zu einer relativ dicken Teigfläche ausgerollt, auf die Grundform gelegt und entsprechend zugeschnitten.
Die plastische Ausformung erfolgt durch Hinzufügen bzw. Abnehmen von Modelliermasse. Seine ansprechende Farbigkeit erhält dieses reizvolle Beispiel durch weich ineinander fließende Metallictöne.

Zwei schlichte Vertreter (unten) venezianischer Karnevalsmasken: Sowohl die kantig geformte Bautta als auch die runde Halbmaske lassen sich auf einer entsprechenden Unterlage aus dünn ausgewalzter Modelliermasse ohne großen Aufwand erarbeiten.
Traditionell werden beide Maskentypen einfarbig bemalt oder – wie hier – mit einfachen, zurückhaltenden Ornamenten versehen.

Eine Schablone aus stabilem Plakatkarton (s. Zeichnung Nr. VI, S. 63) bildet die Unterlage für diese edle Blattmaske. Sie wird mit entsprechend kleiner Gesichtsöffnung so auf eine Grundmaske aufgelegt, daß die Gesichtsform nicht zu plastisch hervortritt; dadurch kann die Schablone nicht auf der Arbeitsfläche aufliegen und muß, auch während des Trocknens der Modellierung, durch Kartonstreifen abgestützt werden.

Tragen Sie die Modelliermasse flächig auf und formen Sie Nase, Mund, Augen und Blattstiel entsprechend aus. In die feuchte Fläche wird nun die Blattstruktur mit einem Modellierhölzchen vorsichtig eingeritzt.

Das leichte Aufbiegen der Maske, das sich während des Trocknens von selbst einstellt, kommt der Gestaltung entgegen.

Die Grundierung der gesamten Form erfolgt mit brauner Plakatfarbe; goldfarbener Kunstharzlack wird anschließend mit einem Schwämmchen aufgetupft. Da dieser nur auf die Oberfläche der Modellierung gelangt, nicht aber in Vertiefungen, wird die Verästelung besonders gut hervorgehoben. Ein abschließender Klarlacküberzug verleiht der Oberfläche samtigen Glanz.

Die kleine Blattmaske wird in derselben Weise in entsprechend vereinfachter Form über eine kleine Dekorationsmaske gearbeitet.

„Sonne und Mond" – zwei bestechend schöne Beispiele für frei gestaltete Masken.

Zur Herstellung der „aufgehenden Sonne" schneiden Sie nach dem Schnittmuster (Nr. V, S. 63) zwei Schablonen aus Wellpappe in Strahlenform zu und kleben sie aufeinander. Nun wird die jeweilige Grundform mittig zur Längsachse darauf gelegt, ihre Kontur angezeichnet und ein entsprechender Ausschnitt mit dem Klingenmesser vorgenommen, so daß sich die Schablone mit etwas Spiel um die Grundform legen läßt.

Bevor nun die Wellpappeform mit einer dünnen Schicht Modelliermasse überzogen wird, sollten Sie die Rückseite durch Aufkleben einer deckungs-gleichen Schablone aus Plakatkarton versäubern. Die Grundform wird mit Modelliermasse überarbeitet und dabei mit der Pappschablone verbunden. Erhaben aufmodellierte Konturen betonen die einzelnen Strahlen.

Nach dem Ausarbeiten und Trocknen der Modellierung erfolgt die Bemalung. Der Grundanstrich mit goldener Acrylfarbe erhält durch nachträglich mit Künstlerfarbstiften aufgetragene Zeichenstrukturen zusätzliche Belebung. Es entsteht der Eindruck einer Blattvergoldung, bei der die rote Grundierung teilweise durchschimmert. Eine abschließende Patinierung verleiht der Formgebung zusätzlich Plastizität.

„Mond": Da diese ausladende Maske speziell zum Tragen gedacht ist, besteht die Form des Halbmonds aus stabiler, aber leichter Wellpappe. Sie wird nach der Schemazeichnung (Nr. VII, S. 64) ausgeschnitten und, zur zusätzlichen Festigung, anschließend mit einer Schicht Kaschierpapier umhüllt (s. Kapitel „Gestalten mit Papier").

Legen Sie diesen „Kragen" nach dem Trocknen auf eine vorbereitete Basismaske und modellieren Sie die Gesichtsform auf, die dabei fest mit dem Halbmond verbunden wird. Die Ziermonde werden aus stabilem Plakatkarton zugeschnitten, ebenfalls kaschiert und nach dem Trocknen an den entsprechenden Stellen auf der Maske angeklebt.

Mehrfaches Überstreichen mit einem Gemisch aus Holzleim und weißer Dispersionsfarbe (1:2) glättet die Oberfläche. Ist diese Grundierung durchgetrocknet, setzt silbernes Lackspray, entlang der Konturen und im Bereich des Gesichts aufgetragen, glänzende Akzente; flächig aufgebrachter Glitter sorgt für zusätzliche Brillanz.

Um Befestigungsöffnungen für die Perlenschnüre anzubringen, wird die Maske vorsichtig mit einem spitzen Werkzeug durchbohrt. Silberne Schmucksteine runden den Gesamteindruck ab.

Gestalten mit Papier

Im Zuge der Rückbesinnung auf alte Traditionen ist das Gestalten mit Papier heute ein hochaktuelles Interessengebiet. Für Masken zum Tragen ist dieses Material aufgrund seines äußerst geringen Gewichts geradezu prädestiniert, zu ihrer Herstellung sind unterschiedliche Papiersorten geeignet:
In altbekannter Pappmaché-Technik entstehen Masken aus Zeitungs- und Illustriertenpapier; statt dessen können aber auch dickere Papiere wie Japan-, Aquarell-, Pack- oder Tonpapier verwendet werden. Ein für diesen Zweck besonders geeignetes Material ist Kaschierpapier, das in den Farben Braun und Weiß im Theater- und Dekorations-fachhandel erhältlich ist.

Maskenformen aus braunem Kaschierpapier: Der besondere Reiz dieses Materials liegt in seiner holzähnlichen, natürlichen Farbigkeit, die geradezu danach verlangt, in die weitere Gestaltung einbezogen zu werden.

Bei der Herstellung von Papiermasken dient wieder das bereits angesprochene dünnflüssige Gemisch aus Tapetenkleister und Holzleim (Mischungsver-hältnis (2 : 1) als Klebstoff und Härter.
Das Papier wird in kleine Stücke gerissen, nicht geschnitten, da sich sonst keine schönen Übergänge erzielen lassen. Um die fertige Papiermaske später problemlos von der Grundform (Gipspositiv oder beliebige Gesichtsmaske) ablösen zu können, wird die zuerst aufzutragende Papierschicht nur in Was-ser getaucht bzw. eingeweicht, Stück für Stück schuppenartig auf die Ausgangsform aufgelegt und glattgestrichen. Für die weiteren Schichten werden die Papierstückchen je nach Dicke des Papiers kür-zer oder länger im Leim-Kleister-Gemisch ein-geweicht. Bei dünnen Papiersorten genügt kurzes Eintauchen, während dickere je nach Saugfähigkeit entsprechend lange weichen müssen; das relativ dicke Kaschierpapier benötigt einige Stunden, um sich ausreichend mit der Flüssigkeit vollzusaugen und die nötige Geschmeidigkeit zu erhalten. Um Papier und Gemisch über längere Zeit gebrauchs-fertig zu halten, empfiehlt sich die Aufbewahrung in einem verschließbaren Gefäß.

Das Aufbringen der weiteren Papierschichten erfolgt nun wie oben beschrieben. Beim Verarbeiten von bedrucktem Papier sollten für die erste und letzte Schicht einfarbige Papiere verwendet werden; da Zeitungs- und Illustriertenpapier sehr dünn sind, müssen zahlreiche Schichten übereinandergelegt werden, um eine ausreichende Wandstärke zu erhalten. Schneller und einfacher lassen sich Mas-

ken daher mit dickeren Papieren erarbeiten. Bei der Verwendung von Kaschierpapier ist bereits nach zwei bis drei Schichten eine ausreichende Stabilität erreicht.
Während des Trocknens lassen sich abstehende Teile wieder andrücken, überschüssiger Kleister wird dabei aus eventuellen Hohlräumen heraus-gestrichen. Je nach Anzahl der Schichten ist die Papierform nach wenigen Stunden, manchmal aber auch erst nach mehreren Tagen ausgehärtet und läßt sich vorsichtig abnehmen.
Nachträgliche Formkorrekturen sind aufgrund der Tatsache, daß Tapetenkleister auch nach dem Trocknen wasserlöslich bleibt, leicht vorzunehmen: Nach kurzem Einweichen der Papiermaske in Was-ser erhält sie durch Zusammendrücken der seit-lichen Ränder eine schlankere Form; durch Aus-einanderziehen läßt sie sich verbreitern. Die Maske behält ihre neue Form bei, wenn man sie während des erneuten Trocknens entsprechend fixiert. Bei gleicher Ausgangsmaske entstehen so völlig unter-schiedliche Gesichtstypen.
Die entstandene Papiermaske kann nun bereits als fertiggestellt betrachtet oder durch weiteres Auf-tragen von Papier verändert werden. Mit zusam-mengerollten oder nach Wunsch geformten Papier-stückchen lassen sich erhabene Partien wie Augen-wülste, Wangenknochen oder Lippen aufmodel-lieren; völlig neue Formgebungen entstehen mit entsprechend zugeschnittenen Pappschablonen oder Hohlformen aus Karton. Diese werden mit Kleb-streifen an der Maske befestigt und mit einer Schicht Papier umkleidet.

Aus mehreren Schichten verschiedenfarbiger Tonpapierstückchen entsteht diese ungewöhnliche Bautta.
Unterlage der reizvollen Collage ist eine entsprechende Kunststoffmaske. Mit dem Pinsel aufgetragene, farblich angepaßte Konturen betonen Augen und Maskenränder. Ein abschließender Klarlacküberzug bringt die Farben zum Leuchten.

Eine andere Arbeitsweise empfiehlt sich speziell für das Erarbeiten von Maskenformen mit besonders ausgeprägten Zügen, wie einer hohen Stirn, wulstigen Augenbrauen oder Hörnern: Auf das Gipspositiv oder die Rohmaske werden die entsprechenden Formen mit Knetmasse (Plastilin) aufmodelliert. Das Erstellen der Papiermaske erfolgt nun genau wie oben beschrieben; nachdem die fertige, trockene Maske von der Grundform entfernt wurde, lassen sich eventuell in Vertiefungen haften gebliebene Knetmassereste mit einem Messer oder einem Löffel entfernen.

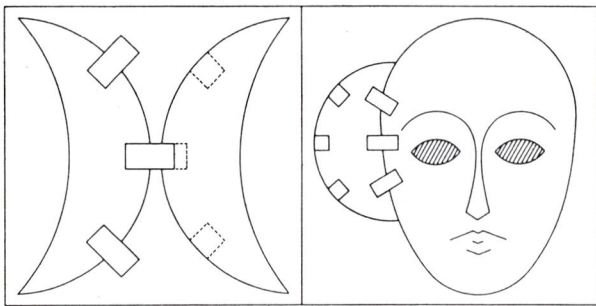

Durch eine außergewöhnliche, asymmetrische Formgebung zeichnet sich diese Maske aus braunem Kaschierpapier aus. Der Aufbau der Modellierung erfolgt in mehreren Etappen: Eine Rohmaske oder Gesichtsabformung wird mit, wie beschrieben, vorbereitetem Papier abgeformt.

Die so entstandene schlichte Gesichtsmaske bildet nach dem Trocknen die Grundlage für die weitere Ausarbeitung der Form. Schneiden Sie dazu sichelförmige Bauteile aus Plakatkarton in verschiedenen Größen nach der Schemazeichnung zu. Jeweils zwei deckungsgleiche Kartonteile werden mit Klebstreifen zusammengeheftet und in die Form eines Bootes gebogen.

Nun wird ein Bauelement nach dem anderen auf der Maske mit Klebstreifen befestigt. Durch entsprechende Ausschnitte lassen sich die einzelnen Teile in- bzw. übereinander stecken. Experimentieren Sie dabei so lange, bis sich eine ausgewogene Gesamtwirkung ergibt.

Dieses noch recht wacklige Kartonmodell wird nun mit einzelnen Kaschierpapierstückchen provisorisch stabilisiert. Nach dem Trocknen erfolgt das vollständige Umkleiden der Kartonteile mit Kaschierpapier. Sind alle Übergänge zwischen Maske und Kartonmodell kaschiert, wirkt die Formgebung wie aus einem Guß.

Die ausgehärtete Maske erhält eine zurückhaltende Bemalung mit Silberlack, die die einzelnen Bestandteile der Modellierung betont. Eine abschließend aufgetragene Patina unterstreicht die typische Struktur der Kaschierpapiermaske.

„Geisha": Die natürliche Schönheit von Japanpapier kommt bei dieser Maske besonders gut zur Geltung. Aus kleinen Stücken, in einige Schichten übereinandergelegt, entsteht das Gesicht; für die Frisur wird ein Papierbogen kurz in Leim getaucht und anschließend um den oberen Maskenrand drapiert.
Die schlitzförmig schräg ausgeschnittenen Augen, die sparsame Bemalung mit wenigen Strichen brauner Plakatfarbe und der zierlich gemalte Mund lassen das Gesicht fernöstlich anmuten.

Der mächtige Schnabel dieser reizvollen Arbeit aus Kaschierpapier läßt sich wie in der prinzipiellen Bauanleitung (S. 40) angegeben fertigen. Die erhaben modellierten Konturen der Maske wie auch die Augenbrauen entstehen aus zusammengerollt aufgebrachten und anschließend kaschierten Papierstückchen.
Eine belebende Gestalt erhält diese Schnabelmaske durch den Positiv-Negativ-Effekt der Bemalung. Mit dem Pinsel locker aufgetragene Ornamente bereichern die dunklen Partien, eine abschließende Patinierung belebt die goldfarbenen Flächen.

Rechts: Zwei überzeugende Beispiele für eine freiere Formgebung mit Kaschierpapier. Die Strahlen der Sonne wie auch die Verästelung des sich auflösenden Gesichts bestehen aus zusammengerollten Papierstückchen.

Gestalten mit Abfallmaterialien

Außergewöhnliche Gestaltungsmöglichkeiten bieten sich besonders Experimentierfreudigen bei der Verwendung von Abfallmaterialien. Täglich landen sie – meist nach einmaligem Gebrauch – auf dem Müll, weil wir uns daran gewöhnt haben, diese zweckgebundenen Wegwerfartikel als wertlosen Abfall zu betrachten. Dabei handelt es sich oftmals um reizvolle Formen und Materialien, die mit großem Energie- und Kostenaufwand hergestellt wurden und bei näherem Hinsehen zum Wegwerfen viel zu schade sind. Sehen Sie sich doch einmal im eigenen Haushalt um, Sie werden staunen, wie viele „Rohstoffe" zum Maskenbau sich auch bei Ihnen finden: leere Kartonrollen von Toilettenpapier, Haushaltsfolie oder Geschenkpapier, Eierkartons, Korken, Schraubverschlüsse von Gläsern und Flaschen, Kunststoffteile in unterschiedlichen Formen wie Kleiderbügel, Joghurtbecher und andere Bauteile. Ein ungeheurer Formenreichtum, der nur darauf wartet, phantasievoll wiederverwertet zu werden! Auch natürliche Küchenabfälle, wie zum Beispiel Eierschalen, lassen sich reizvoll zur Gestaltung von Masken einsetzen. Als Ausgangsform sind handelsübliche wie selbstgefertigte Rohmasken geeignet. Die Materialien werden mit Klebstoff befestigt, lassen sich aber auch mit Modelliermasse oder in der vorab beschriebenen Technik mit Papier fixieren und in die Modellierung mit einbeziehen. Der spielerische Umfang mit diesen kostenlosen Werkstoffen läßt mit etwas Phantasie erstaunlich originelle Masken entstehen, denen man ihre „Herkunft" auf den ersten Blick meist nicht ansieht.

Das Arrangement des Fotos (links) deutet es bereits an: Kleine Stückchen von Eierschalen sorgen für den ausgeprägten „Reißlackeffekt" dieser Bautta. Die Eierschalen werden in Wasser, dem man einen Schuß Spülmittel zugibt, sorgfältig gereinigt und nach dem Trocknen Stück für Stück auf die vorab mit Klebstoff bestrichene Maske (eine Abformung mit Kaschierpapier) gedrückt.
Ein Goldlacküberzug wertet die restlos mit Eierschalen bedeckte Oberfläche auf: Dazu wird die Farbe relativ dick mit dem Pinsel aufgetragen und mit einem sauberen Tuch wieder abgewischt. Der Goldlack bleibt in den Zwischenräumen stehen und sorgt für entsprechende Glanzeffekte.

Mal ehrlich, hätten Sie auf den ersten Blick erkannt, daß diese skurrile Maske größtenteils aus so scheinbar wertlosen Materialien besteht, wie zum Beispiel Joghurtbechern, Flaschenverschlüssen, Toilettenpapierrollen, Korken, Kunststoffkleiderbügeln?
Um dieses oder ein ähnliches Modell zu erarbeiten, gehen Sie bei der Gestaltung von einer schlichten Kaschierpapiermaske (Abformung einer entsprechenden Unterlage) aus. Auf dieser bereits ausgehärteten Grundform werden die nach Bedarf zugeschnittenen Teile so angeordnet, daß sich eine ansprechende Gesamtwirkung ergibt, und mit Klebstreifen oder mit Klebstoff fixiert. Umkleiden Sie nun alle Bauteile im Ansatz mit Kaschierpapier. Besonders glatte Teile wie Joghurtbecher werden völlig umkleidet, damit sie sich nach dem Trocknen nicht mehr lösen können. Sollte dies dennoch geschehen, sorgt Alleskleber für Abhilfe. Besonders wichtig ist das sorgfältige Kaschieren der Übergänge.
Nach dem Trocknen und Versäubern erhält die gesamte Maske einen mehrmaligen Anstrich mit weißer Dispersionsfarbe. Erst die nachfolgende Patinierung und das gezielte Abwischen erhabener Partien verhilft diesem originellen Werk zu seiner ausgeprägt plastischen Wirkung.
Sparsam aufgetragener Goldlack setzt einzelne Akzente.

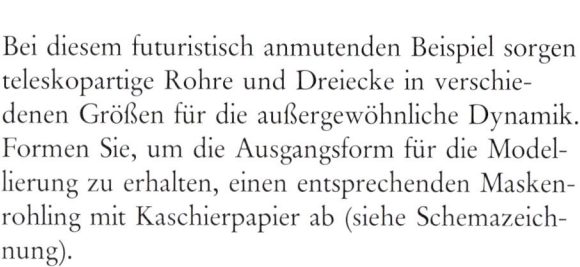

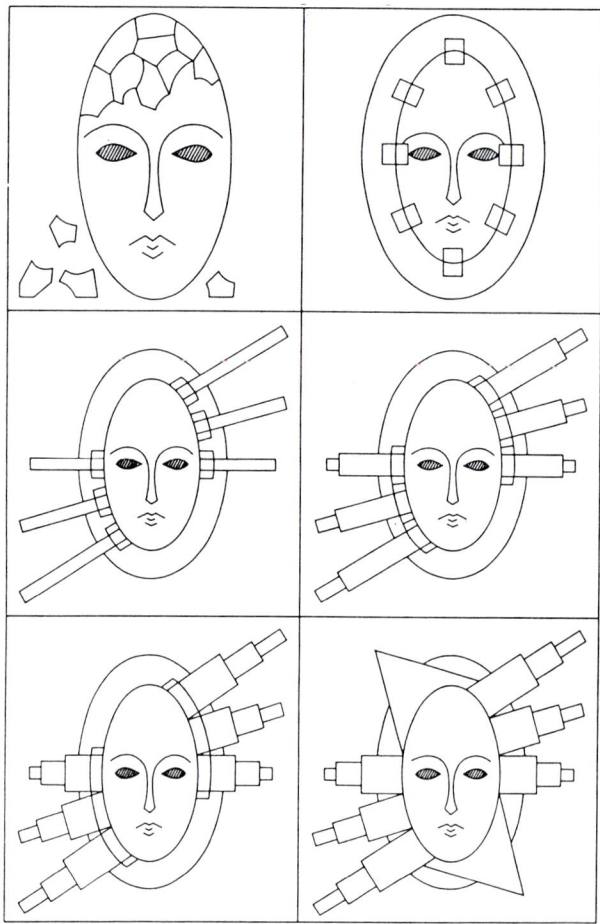

Bei diesem futuristisch anmutenden Beispiel sorgen teleskopartige Rohre und Dreiecke in verschiedenen Größen für die außergewöhnliche Dynamik. Formen Sie, um die Ausgangsform für die Modellierung zu erhalten, einen entsprechenden Maskenrohling mit Kaschierpapier ab (siehe Schemazeichnung).

Die ausgehärtete Papiermaske erhält einen ihrer Form entsprechenden Rahmen aus stabiler Wellpappe. Das Zuschneiden der äußeren Kontur sowie der Ausschnitt für die Maske werden mit dem Cutter vorgenommen, Rahmen und Maske mit Klebstreifen verbunden.

Die Teleskoprohre setzen sich aus der Länge nach halbierten Kartonrollen (von Geschenkpapier, Haushaltsfolie, Toilettenpapier) in unterschiedlichen Stärken zusammen. Befestigen Sie – gemäß der Schemazeichnung – die Hälften mit dem geringsten Durchmesser mit eingeweichtem Kaschierpapier an Rahmen und Grundform.

Dieser Vorgang wird zweimal mit den jeweils dickeren, aber entsprechend kürzeren Hälften wiederholt.

Nach dem Trocknen werden aus Wellpappe zugeschnittene, rundum kaschierte Dreiecke eins nach dem anderen an die Maske gesetzt und mit Kaschierpapier befestigt.

Freistehende Teile lassen sich während des Aushärtens mit Holzstäbchen abstützen. Noch offenliegende Partien des Wellpapperahmens werden mit Kaschierpapier bedeckt. Nach dem Trocknen und Versäubern der Maske erfolgt die Bemalung in verschiedenen Metalltönen. Eine abschließende Patinierung macht den Eindruck einer getriebenen Metalloberfläche perfekt.

Gestalten mit Leder

Als Naturprodukt von individuellem Reiz ist Leder
ein äußerst interessantes Material zur Gestaltung
von Masken. Um sich bestmöglich verarbeiten zu
lassen, sollte das verwendete Leder relativ dünn
und geschmeidig sein.

In einem Gemisch aus angerührtem Tapetenkleister
und Holzleim (Mischungsverhältnis 2 : 1) wird das
Leder so lange eingeweicht, bis es sich gleichmäßig
vollgesogen hat. Anschließend wird es locker auf
eine Unterlage (Rohmaske oder Gesichtsabformung) aufgelegt und nach Ihren Vorstellungen in
dekorativen Faltenwürfen drapiert. Reizvolle
Möglichkeiten bietet auch das vorherige Verändern
der Basisform durch Aufmodellieren markanter
Gesichtszüge oder skurriler Formen mit selbsthär-
tendem Material. Diese Modellierung muß vor dem
Überarbeiten mit Leder in jedem Fall ausgehärtet
sein.

Die Rohmaske sollte vor dem Auflegen des Leders
gut eingefettet oder mit Aluminiumfolie umkleidet
werden, damit sich die fertige Maske später problemlos ablösen läßt. Beginnen Sie nun mit dem
sorgfältigen Andrücken und Glattstreichen des
Leders dort, wo keine Falten vorgesehen sind.
Modellierhölzer sind hilfreiche Werkzeuge, um das
geschmeidige Material in die Vertiefungen zu
drücken und so der Form der Schablone bestmöglich anzupassen. Achten Sie grundsätzlich darauf,
daß das Leder vor dem Andrücken nicht gespannt,
sondern lediglich locker aufgelegt wird; da es sich
beim Trocknen zusammenzieht, würde es sich
sonst aus den Vertiefungen lösen, Falten würden
sich wieder glätten.

Beim Arbeiten mit Lederresten wird Stück für
Stück patchworkartig aufgelegt, wobei sich die einzelnen Teile ausreichend überlappen sollten. Werden unterschiedlich gefärbte Reststücke verwendet,
sollten Sie beim Einweichen des Leders mit den
hellsten Farbtönen beginnen, da die Flüssigkeit die
Farbe des Leders annimmt und so die anschließend
eingetauchten Stücke verfärbt; gegebenenfalls muß
das Leimgemisch mehrmals erneuert werden.
Nach einigen Tagen ist die Maske ausgehärtet und
läßt sich von der Ausgangsform abnehmen. Um
den typischen Charakter des Leders hervorzu-
heben, erhält die fertige Arbeit einen Überzug mit
Lederfett und wird abschließend mit einem weichen
Tuch poliert.

Die beiden abgebildeten Masken wurden in einer
sehr zeit- und arbeitsintensiven Technik mit Spezi-
alwerkzeugen gefertigt. Da sie einige Erfahrung im
Umgang mit diesem Material voraussetzt, gehen wir
auf diese für Einsteiger zu komplizierte Arbeitsweise nicht näher ein. Es sei daher ausdrücklich auf
die vorab beschriebene, wesentlich einfachere
Methode verwiesen, mit der sich ähnlich reizvolle
Ergebnisse erzielen lassen.

In eindrucksvoller Weise zeigen diese exquisiten
Lederarbeiten, welche kreativen Möglichkeiten in
diesem natürlichen Material stecken, sollen aber in
erster Linie zu eigenen Gestaltungsideen anregen.

Dünn ausgewalzte Tonflächen bilden die Grundlage dieser hervorragend gearbeiteten Keramikmasken. Drei stilistisch unterschiedliche Beispiele, die die vielfältigen gestalterischen Möglichkeiten mit diesem Material nur andeuten können. Gerade das Maskenobjekt auf der rechten Seite mit den beinahe bis zur Unkenntlichkeit reduzierten Gesichtszügen belegt in überzeugender Weise, daß das Gestalten von Masken durchaus ernstzunehmendes künstlerisches Anliegen sein kann.

Gestalten mit Ton

Das schöpferische Gestalten mit Ton ist eine jahrtausendealte Technik, die eine umfassende Materialkenntnis voraussetzt, um zufriedenstellende Ergebnisse zu ermöglichen. Da es sich dabei um ein äußerst umfangreiches Thema handelt, das bereits für sich betrachtet ein Buch füllen könnte, beschränken wir uns hier auf wesentliche Aspekte. Anstelle von konkreten Anleitungen zum direkten Nacharbeiten der gezeigten Beispiele stehen deshalb allgemeine Verarbeitungshinweise.

Ton wird im Fachhandel in verschiedenen Zusammensetzungen angeboten; für unsere Zwecke empfiehlt sich Töpfer- oder Modellierton. Das wohl geeignetste Werkzeug für den materialgerechten Umgang mit diesem vielseitig formbaren Werkstoff sind die Hände, feinere Details lassen sich mit Modellierhölzern ausarbeiten. Der erdhaften Schwere des Materials entspricht jedoch vor allem die mit der Hand realisierbare einfache Form.

Ton beinhaltet grundsätzlich Lufteinschlüsse und muß daher vor der Verarbeitung sorgfältig und kräftig durchgeknetet werden. Da kompakte Tonmassen selten ohne Auftreten von Rissen durchtrocknen, sollte man das Material möglichst dünnwandig einsetzen.

Zur Herstellung einer Keramikmaske wird der Ton mit dem Nudelholz zu einer gleichmäßig dicken Platte von maximal 1 cm ausgerollt, auf die Unterlage (Rohmaske oder Gesichtsabformung) gelegt und in der gewünschten Form zugeschnitten. Diese Tonplatte stellt die plastische Grundform dar, die sich nun durch Auftragen oder Abnehmen von Tonmaterial weiter ausformen läßt. Die Modellierung wird dabei mit angefeuchteten Fingern geglättet. Solange man sich bei der Bearbeitung an die Eigenheiten dieses Werkstoffes hält, sind den Möglichkeiten der Darstellung keine Grenzen gesetzt.

Das jeweilige Tonmodell muß vor dem Brennen völlig durchtrocknen. Dies geschieht am besten in einem kühlen Raum, in dem die Luft zirkulieren kann; zu schnelles oder einseitiges Trocknen, zum Beispiel bei Sonnenbestrahlung oder Zugluft, führt unweigerlich zum Verziehen oder Reißen der Tonflächen. Nach dem Trocknen wird die Maske vorsichtig von der Unterlage genommen und kann in einem Hochtemperaturofen gebrannt werden.

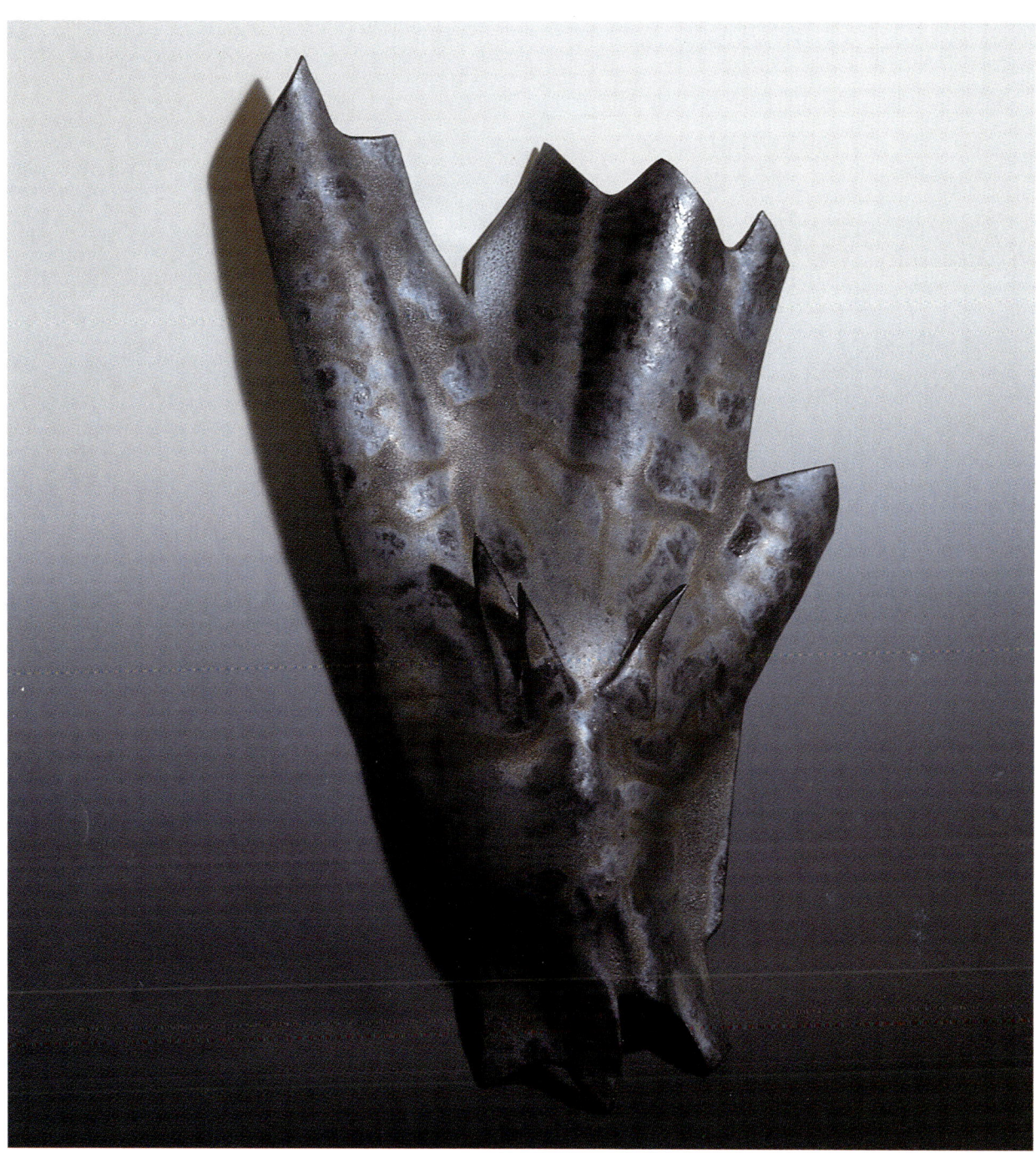

Solche speziellen Öfen finden sich in keramischen Werkstätten, oft auch in den Hobbyabteilungen der Baumärkte. Hier kann man seine Werke gegen eine meist geringe Gebühr brennen lassen. Ein weiterer Brennvorgang erfolgt dann nach dem Aufbringen der Glasur, der materialgerechten farblichen Verschönerung des noch recht unansehnlichen Keramikrohlings.

Wem die Verarbeitung von Ton, speziell das Brennen und Glasieren, zu schwierig oder aufwendig erscheint, der kann sich von den abgebildeten Beispielen zu solchen oder ähnlichen Arbeiten mit lufttrocknender, also selbsthärtender Modelliermasse anregen lassen.

Zwar besitzt Keramikglasur materialbedingt einen individuellen, unvergleichlichen Charakter, dennoch lassen sich auch mit Kunstharzlacken, insbesondere Autolacken in Sprayform, nach entsprechender Grundierung äußerst interessante Effekte erzielen.

Modeschmuck

Masken erscheinen längst nicht mehr ausschließlich als Raumdekoration oder Teil einer ausgefallenen Kostümierung; auch als Accessoires und Schmuckstücke erfreuen sie sich zunehmender Beliebtheit. Miniatur-Schmuckmasken aus Metall sind in zahlreichen Formen und Farben im Hobbybedarfs-Fachhandel erhältlich; dort werden auch Schablonen zum Selbstgießen von Maskenbroschen angeboten. Zum Herstellen individueller und ausgefallener Schmuckstücke eignen sich Metallminiaturen, insbesondere in Verbindung mit ofenhärtender Modelliermasse. Der Fachhandel bietet Schmuckelemente und -steine in zahlloser Form, die sich hervorragend mit Masken kombinieren lassen und so unerschöpfliche Gestaltungsmöglichkeiten bieten. Bei der Verarbeitung mit ofenhärtender Modelliermasse dürfen jedoch nur hitzebeständige Materialien wie Glas und Metall, keinesfalls Kunststoff verwendet werden.

Um selbst solch ein individuelles Schmuckstück zu fertigen, kneten Sie ein Stückchen Modelliermasse weich und walzen es möglichst flach aus. Drapieren Sie es nun in Falten um eine vorab aufgelegte Schmuckmaske, die Konturen werden anschließend mit einem scharfen Messer korrigiert.

Andere Möglichkeiten der Gestaltung ergeben sich, indem Sie ein wenige Millimeter dick ausgewalztes Stück Modelliermasse in beliebiger Form zuschneiden und diese Fläche mit verschiedenen Dekorationselementen versehen (siehe Beispiel „Libelle"). Zum weiteren Ausschmücken können Sie, neben den erwähnten käuflichen Schmuckelementen, je nach Wunsch auch frei modellierte Formen hinzufügen. Auch hierfür sind ofenhärtende Massen in unterschiedlichsten Farbtönen hervorragend geeignet.

Alle in diesem Zusammenhang vorgestellten Beispiele werden aus Fimo hergestellt, das vor dem Härten farbige Akzente mit speziellem Metallicpulver erhält; ein abschließender Schutzüberzug mit Speziallack ist dabei unerläßlich.

Das sowohl sehr aufwendige als auch eher schlichte Schmuckgestaltungen ihren ganz eigenen Reiz haben, zeigen diese Beispiele.

Rechte Seite:
In die entsprechend zugeschnittene Grundfläche dieser Fimobrosche werden neben einer Maske Straßsteine in verschiedenen Farben sowie eine Libellenform aus Metall eingedrückt. Zwischen den Fingern dünn ausgerollte Fäden der Modelliermasse bilden ein filigranes Netzwerk, das Motiv der Insektenflügel aufnehmend.

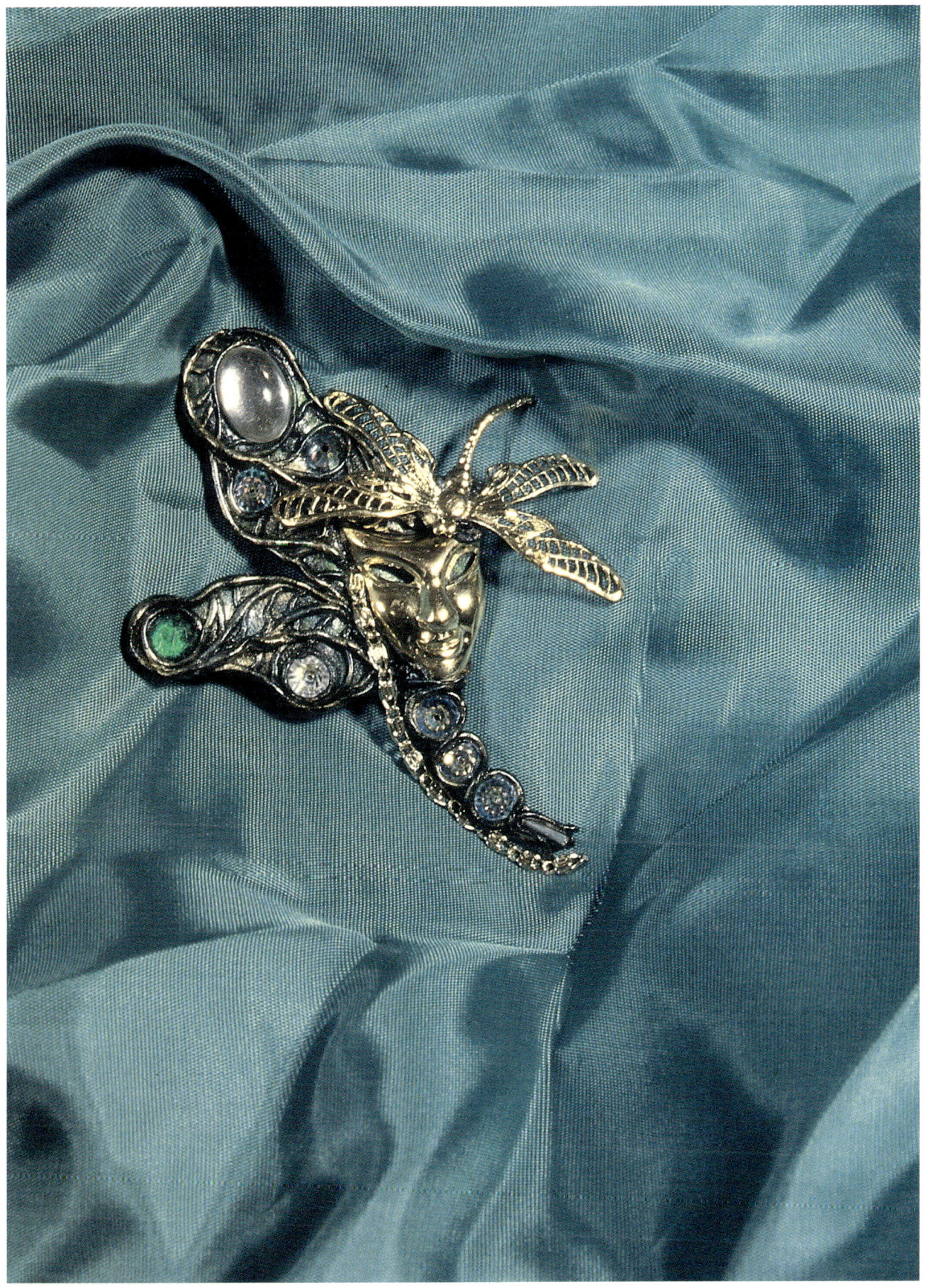

Dieser wie beschrieben aus Fimo geformte Schmuckanhänger erhält einen zusätzlichen Akzent mit Dekofedern.
Für den Ohrschmuck werden Federn zusammengebunden und gemeinsam mit einem Stück Zierkette hinter die jeweilige Schmuckmaske geklebt. An diesen Kettchen lassen sich, je nach Wunsch, Ohrstecker oder -clips befestigen.

Auf ofenhärtender Modelliermasse lassen sich durchaus edle Schmuckstücke fertigen, wie diese vergoldete Armspange recht eindrucksvoll belegt.
Das phantasievolle Motiv wird aus Fimo frei modelliert und erst nach dem Härten an der dafür vorgesehenen Stelle fixiert.

Im Fachhandel ist eine Fülle unterschiedlichster Basismaterialien zur Schmuckherstellung wie Armreifen, Broschen und Anstecknadeln speziell zur Verarbeitung mit ofenhärtender Modelliermasse erhältlich. Die Modellierung kann direkt auf diese Formen aufgebracht und mit ihnen im Ofen gehärtet werden; bei den gezeigten Arbeiten handelt es sich jedoch um freie Formgebungen, die – damit sie flach liegend aushärten können – erst nach dem Brennen auf entsprechende Anstecknadeln, Haarnadeln oder Armreifen aufgeklebt werden. Um dauerhaften Halt zu gewährleisten, fixieren Sie die Schmuckteile mit der Heißklebepistole oder mit Zweikomponentenkleber. Auf diese Weise lassen sich auch Teile der Modellierung, die sich nach dem Härten ablösen, erneut befestigen.

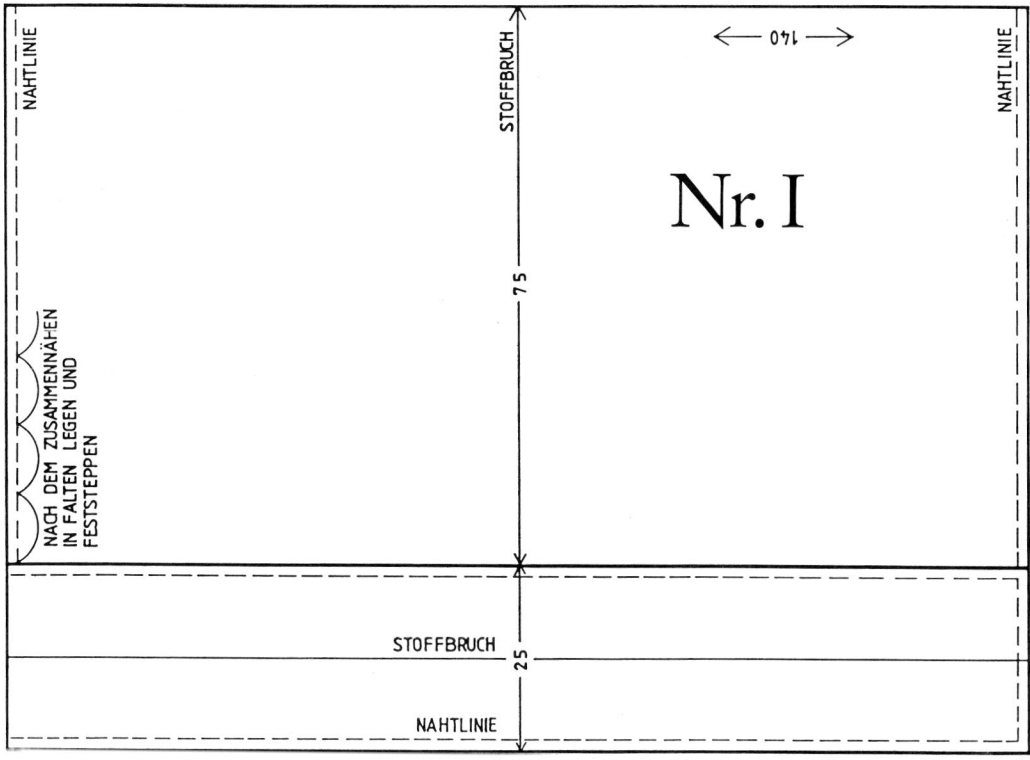

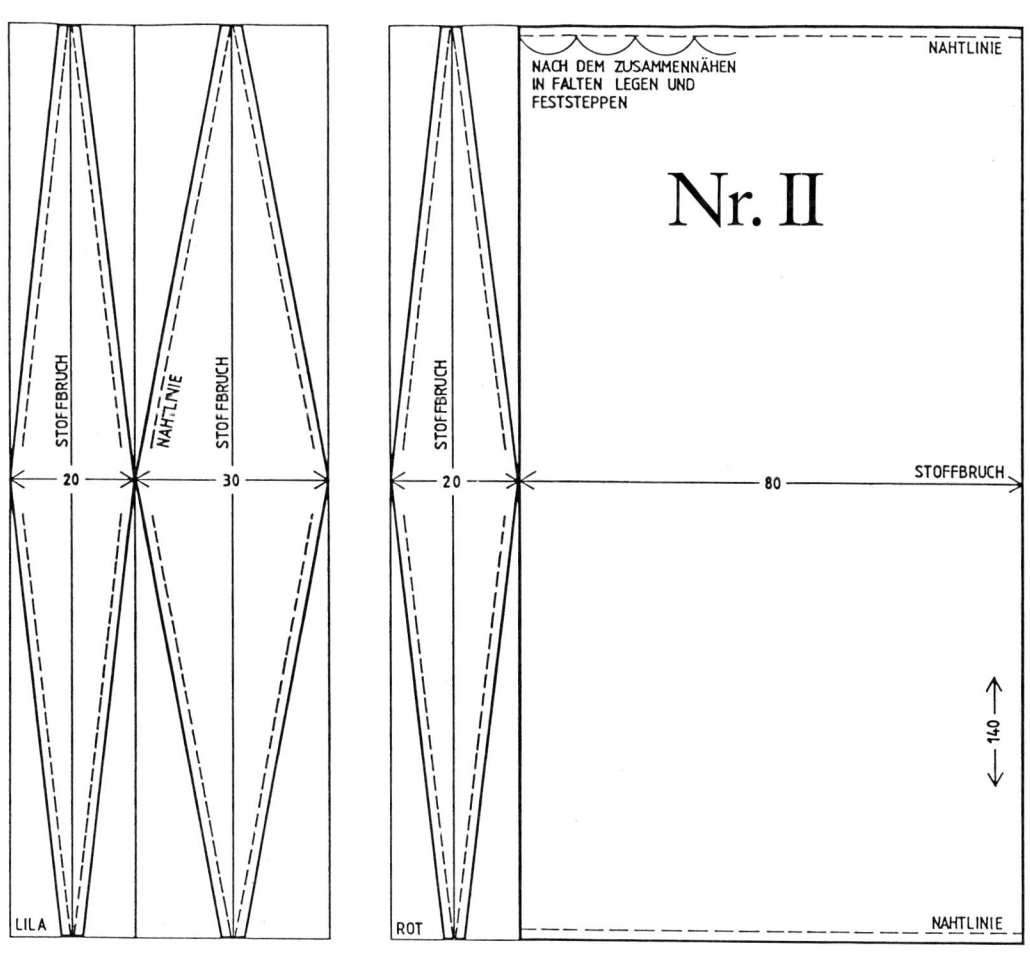

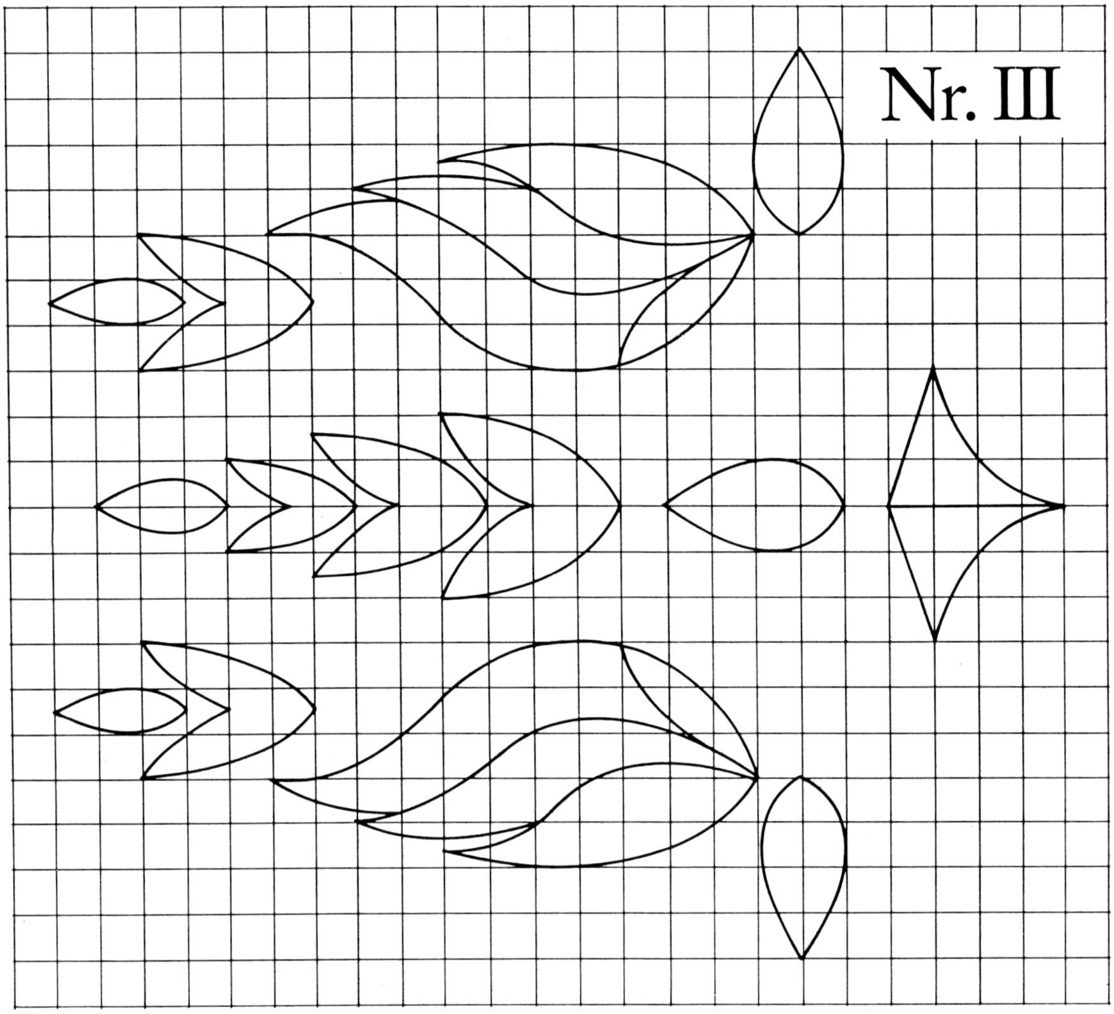

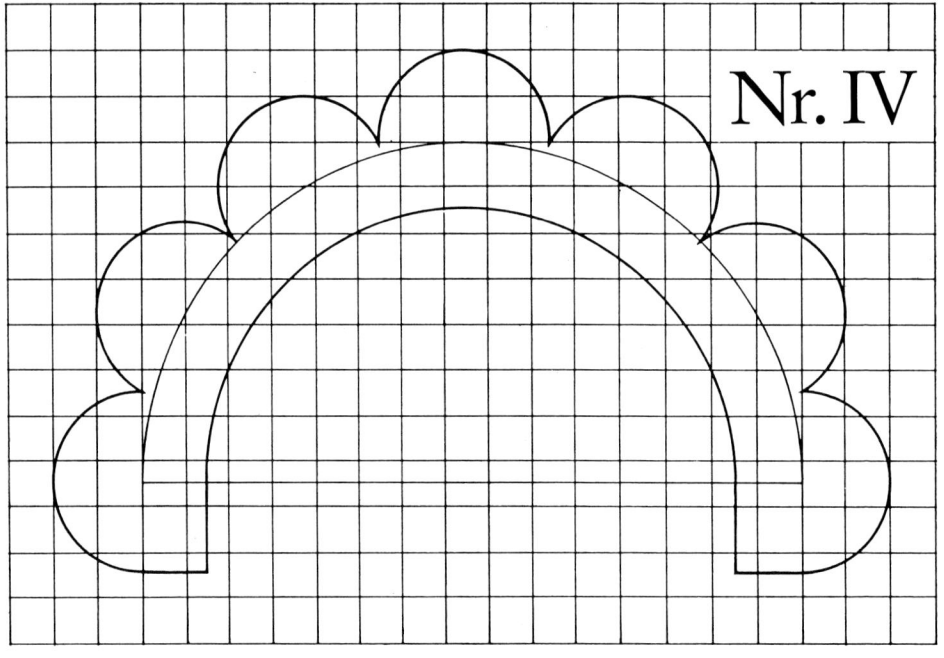

Nr. III

Nr. IV

Originalgröße aller
Rasterquadrate:
2 × 2 cm

Nr. V

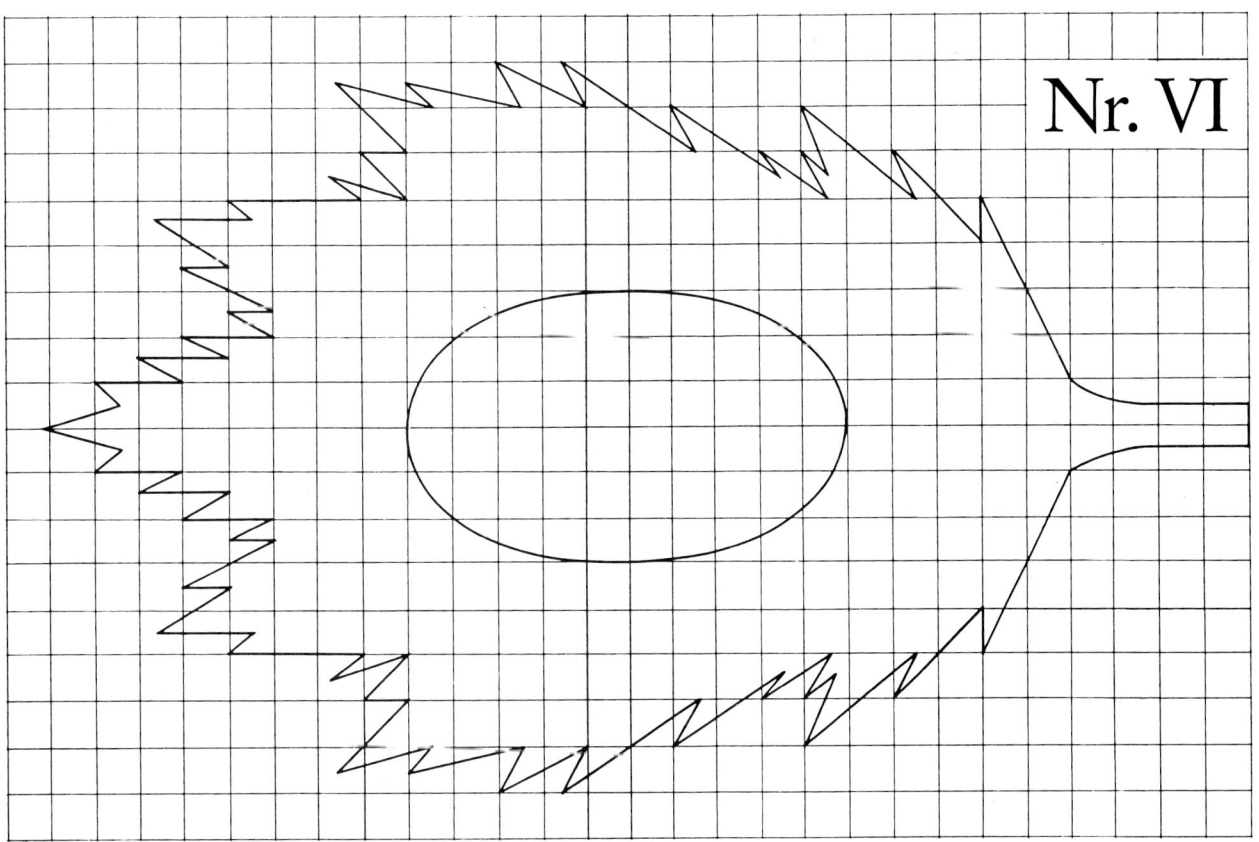

Nr. VI

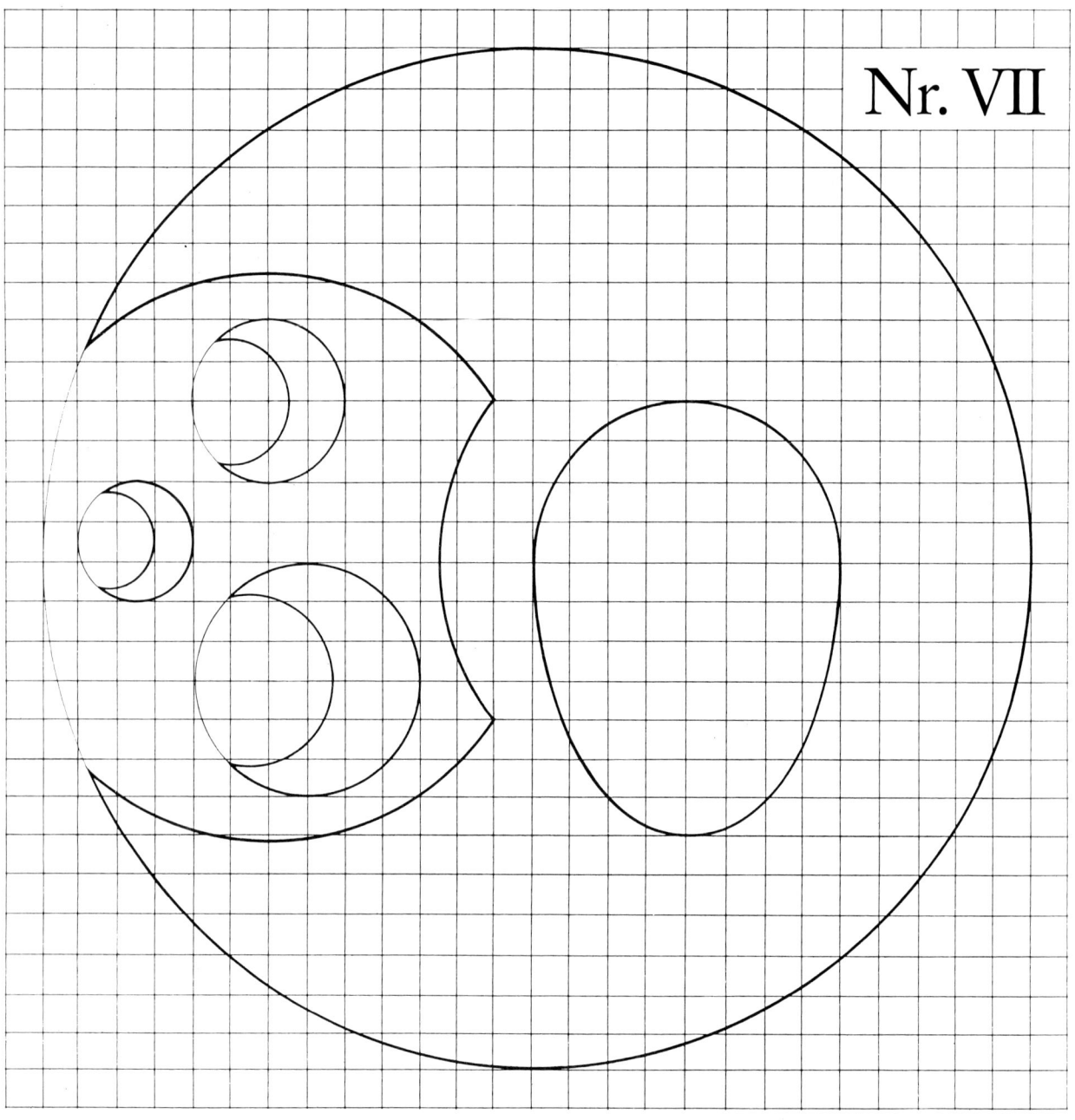

Nr. VII

Zu guter Letzt möchten wir uns bei folgenden Personen bedanken, die uns freundlicherweise einige ihrer Arbeiten zur Verfügung gestellt und so zum Gelingen dieses Buches beigetragen haben:
Carola Sanladerer, Garmisch-Partenkirchen
(Masken S. 24–27)
Waltraud & Joachim Bölcke, Mönchengladbach
(S. 55)
Wolfgang Beinker, Chanxhe (Belgien) (S. 55)
Gabriele Müller-Heider, „Commedia" (Galerie und Atelier für Masken und Marionetten), Nürnberg
(S. 51, linke Spalte)

Für die fachliche Beratung und Unterstützung danke ich ganz besonders
W. Rayher, Laupheim
F. Kolb Nachf. GmbH, München
Eberhard Faber, Neumarkt